lina bo bardi teatro oficina theater

são paulo, brasil

1980 • 1984

marcelo carvalho ferraz (org.)

textos/texts: lina bo bardi • edson elito • josé celso martinez corrêa

edições sesc

Sesc

SERVIÇO SOCIAL DO COMÉRCIO
Administração Regional no Estado de São Paulo

Presidente do Conselho Regional
Abram Szajman
Diretor Regional
Luiz Deoclecio Massaro Galina

Conselho Editorial
Carla Bertucci Barbieri
Jackson Andrade de Matos
Marta Raquel Colabone
Ricardo Gentil
Rosana Paulo da Cunha

Edições Sesc São Paulo
Gerente Iã Paulo Ribeiro
Gerente adjunto Francis Manzoni
Editorial Clívia Ramiro
Assistentes: Ana Cristina Pinho, Bruno Salerno Rodrigues,
Antonio Carlos Vilela, Cláudia da Costa Melo, Vanessa Paulino da Silva
Produção gráfica Fabio Pinotti
Assistente: Ricardo Kawazu

SIMPLICIDADE E CLAREZA, COMO NUM NÔ Japonez

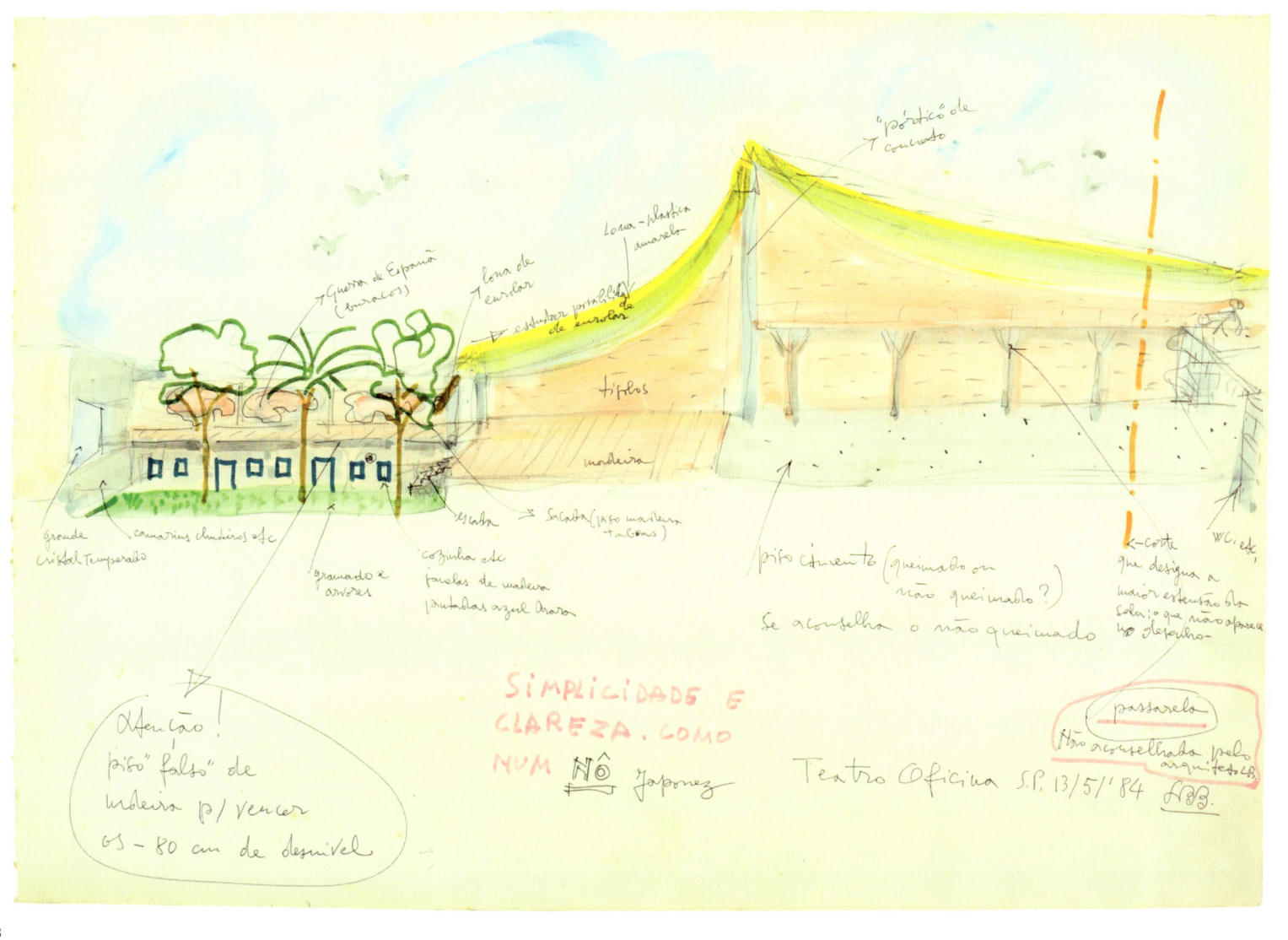

Teatro Oficina S.P. 13/5/'84

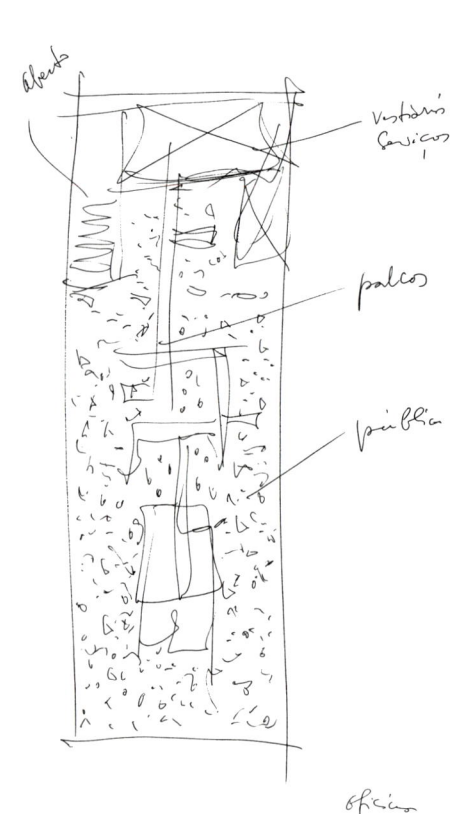

teatro oficina
lina bo bardi

Depois do *Sturm und Drang* (Tempestade e ímpeto), o que vai acontecer?

O Oficina não é o portal da Catedral de Colônia do fim do século XVIII, mas é um marco importante de um caminho difícil.

A tempestade destrói. É preciso reformular e reconstruir.

Do ponto de vista da arquitetura, o Oficina vai procurar a verdadeira significação do teatro, sua estrutura física e tátil, sua *não abstração*, que o diferencia profundamente do cinema e da TV, permitindo ao mesmo tempo o uso total desses meios.

Em termos de arquitetura, a tempestade destruiu tudo e o Oficina vai agir de novo, na base da maior simplicidade e da maior atenção aos meios científicos da comunicação contemporânea. É tudo.

Olhar eletronicamente sentados em uma cadeira de igreja.

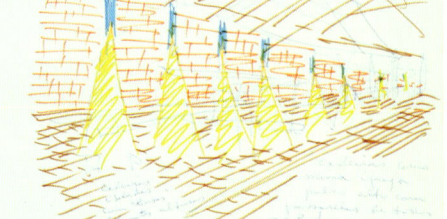

the oficina theater
lina bo bardi

After *Sturm und Drang*, what happens next?

The Oficina is not the gates of Cologne Cathedral at the end of the 18th century, but it is an important milestone on a difficult path.

The storm destroys. It is essential to redesign and rebuild.

From an architectural point of view, the Oficina is seeking the real meaning of the theater – its *physical* and *tactile* structure, its *non-abstraction*, – the profound differences between this art form, and cinema and TV, while fully integrating the use of these other media.

In architectural terms, the storm destroyed everything and the Oficina will be re-enacted, based on a greater simplicity, whilst keeping a careful eye on the scientific means of contemporary communication. That is all.

To electronically watch seated on a church pew.

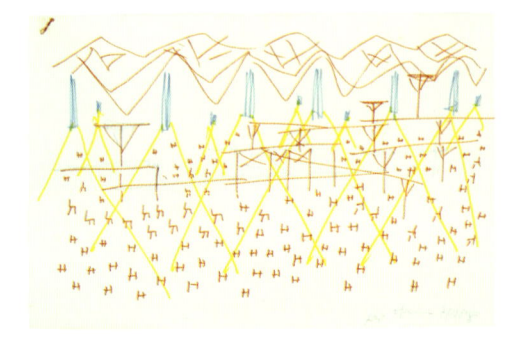

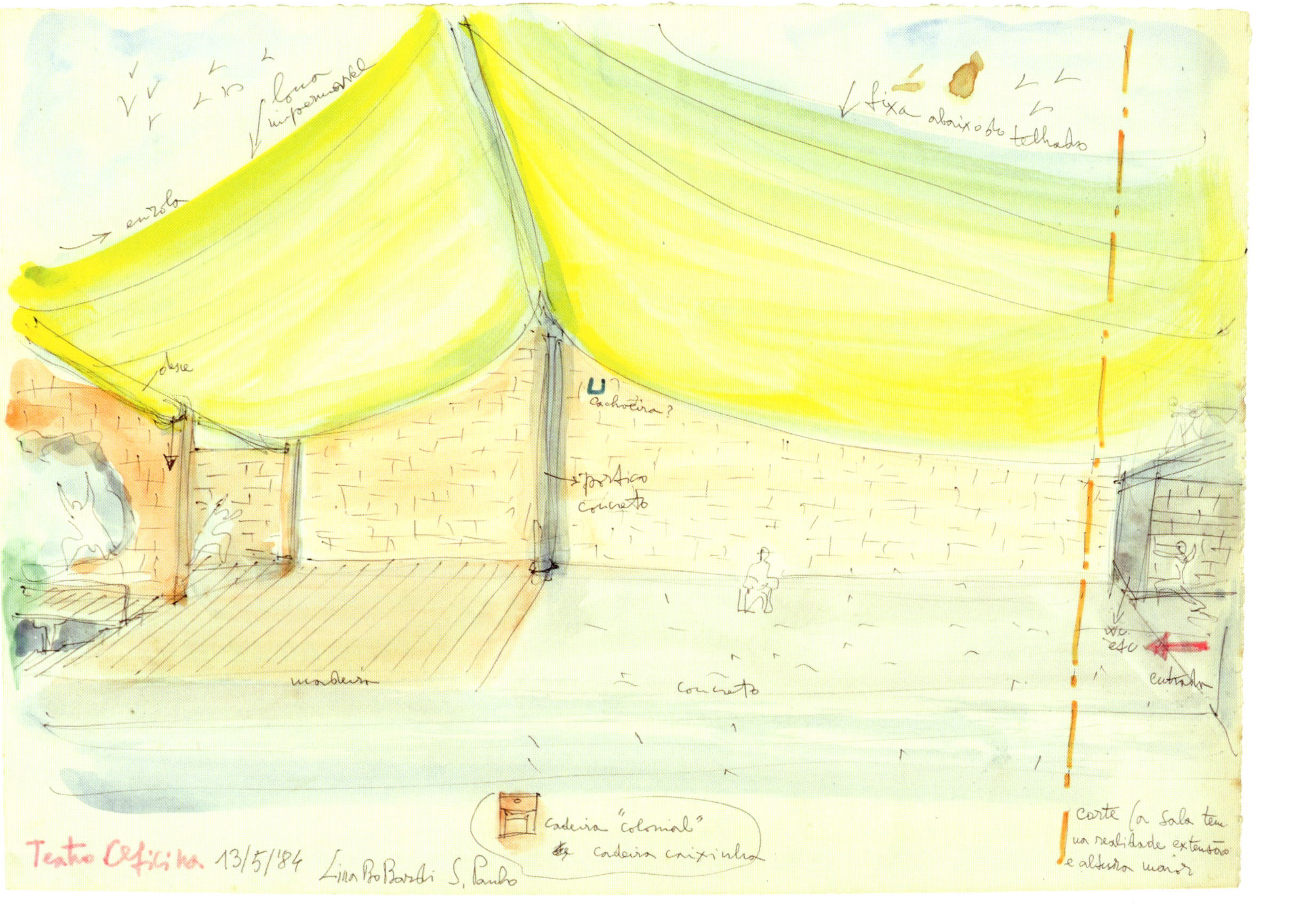

lona impermeável
enrolo
fixa abaixo do telhado
desce
cachoeira?
pórtico concreto
madeira
concreto
entrada
cadeira "colonial"
cadeira caixinha
corte (a sala tem
uma realidade extensão
e altura maior
Teatro Oficina 13/5/84
Lina Bo Bardi S. Paulo

Teatro Oficina - esquema da planta. LBB. SP. 13/5/84

Escala 1:100

Oficina
Teatro-Estrada

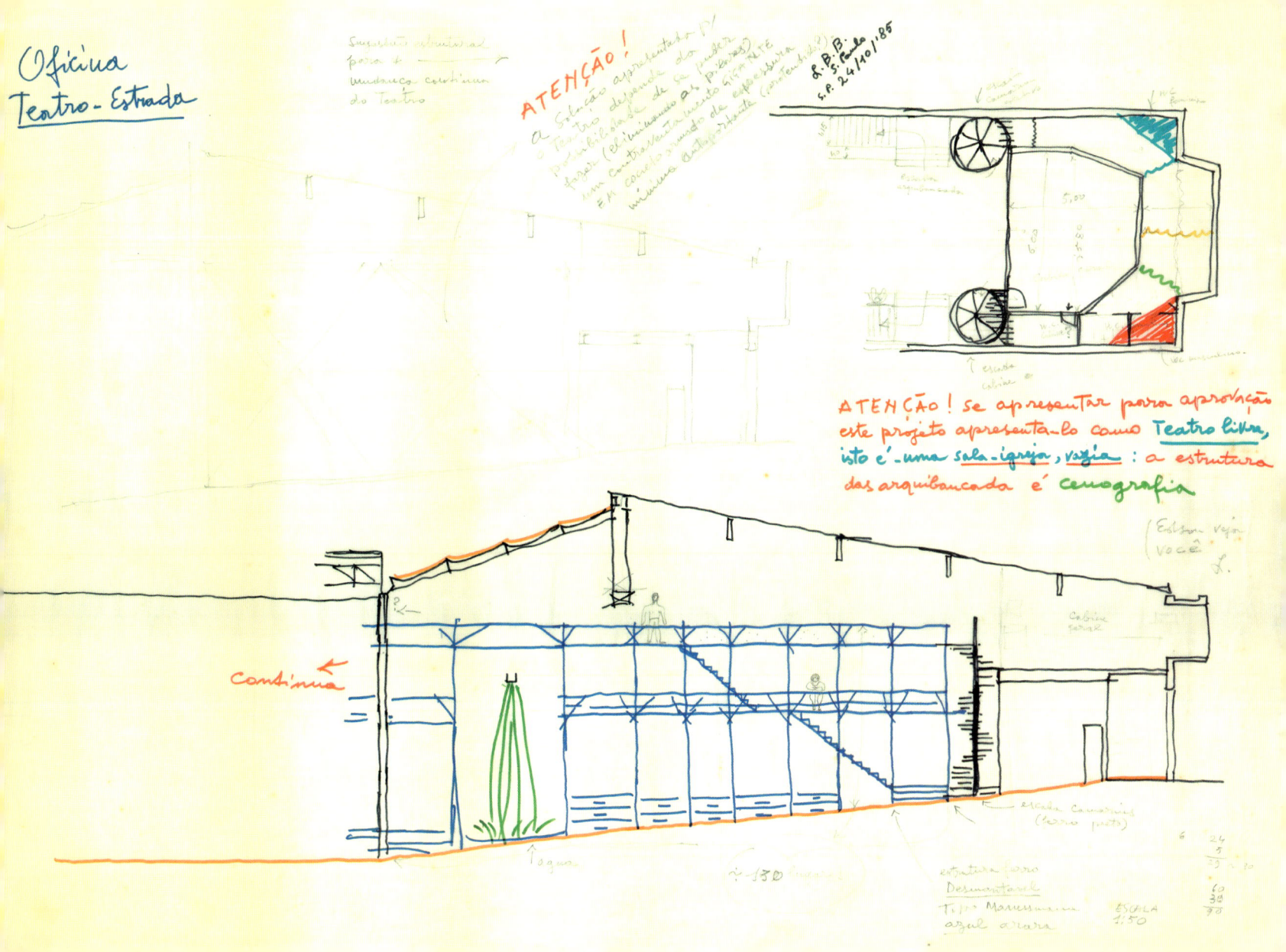

uma rua chamada teatro
edson elito

"Edson, topa fazer o projeto do teatro com a Lina?" Esta fala do Noilton Nunes em um telefonema dirigido pelo Zé Celso, em 1984, foi o início da minha participação na incrível empreitada da construção do Teatro Oficina.

Muito antes disso, em 1958, um grupo de alunos das arcadas do largo São Francisco, entre eles Renato Borghi e José Celso Martinez Corrêa, decidiu alugar o Teatro Novos Comediantes de um grupo espírita, para instalar na rua Jaceguai, n° 520 sua companhia de teatro. Era um tempo de perspectivas de progresso social, construção de Brasília, crítica ao *American way of life*, leitura de autores russos e Brecht.

Para que o espaço respondesse à concepção teatral do novo grupo, foi feita uma reforma com base no projeto do arquiteto Joaquim Guedes, criador de um teatro tipo "sanduíche", com duas plateias frente a frente separadas pelo palco central, que assim permaneceu durante essa primeira fase da companhia, até 1966, quando um incêndio destruiu totalmente o teatro.

A tragédia deu origem a um movimento de intelectuais e artistas para a reconstrução do teatro e a uma temporada no Teatro Maria Della Costa, no prédio da Federação Paulista de Futebol, em que foi apresentado o repertório da Companhia Oficina, em uma promoção chamada "Saldo para o salto". Foi quando comprei uma cartela de ingressos para todas as peças, que incluía *A vida impressa em dólar*,

a street called theater
edson elito

"Edson, do you want to be part of the theater project with Lina?" Noilton Nunes asked during a phone call in the presence of Zé Celso, in 1984. It was the beginning of my involvement in this amazing venture: the building of the Oficina Theater.

Long before, in 1958, a group of students from the archways[1] of São Francisco Square among them Renato Borghi and José Celso Martinez Corrêa, decided to rent the Novos Comediantes Theater from a Spiritist group, in order to establish their company at 520 Jaceguay Street. These were times of looking toward social progress, of the construction of Brasilia, criticizing "the American way of life" and reading Bertold Brecht and the Russian authors.

So that the space could represent the new group's theatrical conception, the theater was redeveloped, based on a design by the architect Joaquim Guedes. He conceived a "sandwich" theater, with two seating areas facing each other, separated by the stage. This was the layout throughout the company's first phase, until 1966, when a fire completely destroyed the theater.

This tragedy resulted in a movement of intellectuals and artists who called for the reconstruction of the theater. It also led to the presentation of the Oficina company's repertoire, an event entitled *Saldo para o salto*, (Cheap for the leap), which ran for a season at the Maria Della Costa Theater in the São Paulo Football Federation building. I had bought a set of tickets for all the plays, including *Awake and*

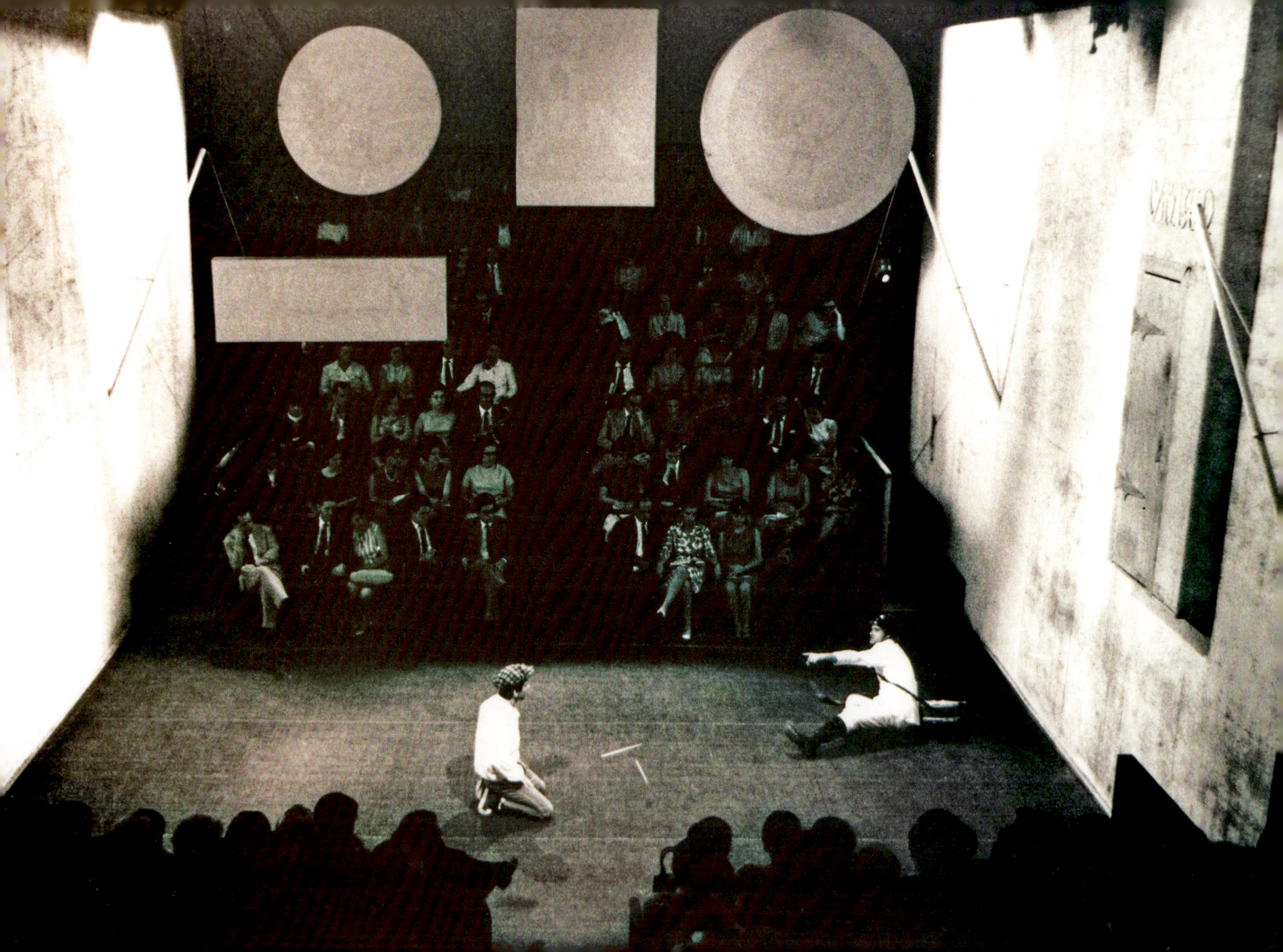

Os inimigos, *Pequenos burgueses* e outras, e vi pela primeira vez o trabalho do grupo.

Para reconstruir o teatro, em 1967, os arquitetos Flávio Império, também cenógrafo de inúmeras montagens do Oficina, e Rodrigo Lefèvre projetaram uma grande arquibancada de concreto com acessos laterais em meio nível e um palco italiano com um círculo central com mecanismo giratório. A fachada lembrava um *bunker* de resistência cultural ao regime militar vigente. Foi nesse espaço que Lina Bo Bardi projetou grandes cenários para peças como *Gracias, Senhor* e *Na selva das cidades*. Foram levadas a esse palco obras que revolucionaram o teatro brasileiro, como *O rei da vela*, *Roda viva* e *Galileu Galilei*.

Entre 1975 e 1980, o teatro viveu um período de leituras, de elaboração do filme *O rei da vela*, de ensaios, e até esteve alugado para outras peças. Com a retomada da "posse" de fato do espaço, pelo grupo Oficina, e com a precariedade física em que se encontravam as instalações, teve início o movimento para a compra do imóvel e sua reestruturação, que acabou resultando em seu tombamento pelo Condephaat em 1981, com base em um parecer de Flávio Império, que diz ser o Teatro Oficina "um bem cultural da cidade não pela importância histórica do imóvel, mas pelo seu uso como palco das transformações do teatro brasileiro". No ano seguinte, houve a desapropriação do imóvel e sua incorporação ao patrimônio público estadual, sob administração da Secretaria de Estado da Cultura, e é dessa época o primeiro estudo feito por Lina Bo Bardi e Marcelo Suzuki, não levado adiante, onde já era proposto o conceito de rua.

Sing, *Enemies*, *The Petty Bourgeoisie*. It was the first time I had seen the group's work.

The rebuilding of the theater started in 1967, when architects Flávio Império, who also worked as a set designer for numerous productions at the Oficina, and Rodrigo Lefèvre designed a large concrete stand. Lateral access at mid-level and an Italian stage with a circular center and a revolving mechanism comprised the theater's new configuration. The façade evoked a bunker as cultural resistance to the military regime in power at the time. In this space Lina Bo Bardi designed great sets for plays such as *Gracias, Señor* (Thank you, Lord) and *In the jungle of cities*. It was also where important works that revolutionized Brazilian theater were performed, such as *O rei da vela* (The Candle King), *Roda viva* (Wheel of Life) and *Galileu Galilei* (The Life of Galileo).

Between 1975 and 1980, the theater was used for reading performances, the production of the film *O rei da vela*, as well as for rehearsals. It was even rented out for other productions. Finally, the space was "reappropriated" by the Oficina group. The facilities were in a poor physical state and a movement was formed to purchase and restore the property, which was eventually listed as a building of interest by Condephaat [State of São Paulo Council for the Protection of Historical, Archeological, Artistic and Touristic Heritage], in 1981. This process was based on a formal position given by Flávio Império, in which he declared that the Oficina Theater was "a cultural jewel in the city's crown, not because of the historical significance of the building, but because of its role as a 'stage' for the

Quando iniciamos o projeto e durante toda a sua concepção, Lina e eu procuramos concretizar as propostas cênica e espacial de Zé Celso. Houve um saudável, por vezes complexo, processo de integração de diferenças culturais e estéticas: de um lado, nós, arquitetos, e nossa formação modernista, os conceitos de limpeza formal, pureza de elementos, *less is more*, racionalismo construtivo e ascetismo; do outro, o teatro de Zé Celso, com o simbolismo, a iconoclastia, o barroco, a antropofagia, o sentido, a emoção e o desejo de contato físico entre atores e plateia, o "te-ato".

Do programa que foi nascendo, eram princípios os conceitos de rua, de passagem, de passarela entre a rua Jaceguai, o viaduto e os espaços residuais de sua construção potencialmente utilizáveis e a grande área livre nos fundos do teatro; de espaço totalmente transparente em que todos os ambientes compusessem um espaço cênico unificado – "todo o espaço é cênico"; a flexibilidade de uso; a adoção de recursos técnicos contemporâneos ao lado do despojamento, o "terreiro eletrônico" onde "bárbaros tecnizados" atuassem.

As reuniões de trabalho eram feitas ao redor de uma grande mesa circular de mármore, após a pasta e vinho, ou ao pé da lareira, na Casa de Vidro, residência de Pietro e Lina. Ao desenharmos os primeiros croquis, que depois eram transformados em verdadeiras obras de arte pelas mãos de Lina em aquarela ou lápis de cor, não foram consultados os estudos antigos já feitos. Partimos para novas propostas espaciais. Inicialmente, muito do que existia no interior do teatro iria permanecer, a fim de transformation of Brazilian Theater". The following year, the property was expropriated and incorporated as a state heritage public building, under the administration of the São Paulo State's Department for Culture. It was during this period that Lina Bo Bardi and Marcelo Suzuki made their first sketches, and though not taken forward, they introduced the proposal for the concept of a "street".

From the beginning of the project, and throughout its conception, Lina and I sought to translate Zé Celso's scenic and spatial proposals. It was a healthy though at times complex process of integrating cultural and aesthetic differences: we, the architects, on one side, had our modernist training based on concepts of formal cleanliness, the purity of elements, the idea that less is more, constructive rationalism and asceticism; on the other, there was Zé Celso's theater, involving symbolism, iconoclasm, the baroque, anthropophagy, meaning, emotion and a desire for physical contact between the actors and the audience, the so called "te-ato" (the-act).

As the program evolved, the following principles were adopted, the concepts of a street, a passage, or passageway connecting Jaceguay street, the viaduct and the remaining areas of its construction which could potentially be used, to the large open area at the back of the theater; the idea of a totally transparent space in which all the different settings could make up a single scenic space – "all space is scenic"; flexibility of use; the adoption of contemporary technical resources alongside an attitude of simplicity and the *electronic terreiro*[2] where the technicalized barbarians would act.

atender à extrema carência de recursos, que, aliás, nem existiam – iriam ser conseguidos.

A leitura de *As bacantes*, de Eurípedes, e dos conceitos do teatro nô, direcionaram os estudos iniciais, com passarelas de pisos de tábuas interligadas, cobertura central de lona plástica alusiva à provisoriedade desejada, sem poltronas – apenas bancos leves que os espectadores movimentariam para se posicionar conforme a cena –, e duas galerias laterais de madeira tosca, que Lina achava melhor não ter. Aberturas nas paredes remanescentes internas seriam feitas, como furos de tiros de canhão – "furos da Guerra do Líbano" –, em uma referência ao que Lina chamava de "furos da Guerra da Espanha", as aberturas no Sesc Pompeia.

Fizemos um anteprojeto e com ele começaram as demolições. Em um domingo, Zé Celso, Catherine Hirsch e eu fomos ao teatro para observar o espaço e no caminho compramos um carneiro assado para o almoço. Nessa tarde senti que deveríamos abandonar a ideia de reformar os ambientes existentes e trabalhar com a demolição de todo o interior do teatro, mantendo apenas as paredes envoltórias de tijolos da década de 1920, com seus arcos romanos de embasamento e parte da cobertura existente. Zé Celso então inventou o palco em rampa. Lina, no início contrariada com a mudança que propusemos, alguns dias depois me mandou uns croquis com a solução para as galerias laterais desmontáveis.

A partir dessas ideias, desenvolvemos um novo anteprojeto demolindo todas as paredes internas e criando um palco em toda a extensão do teatro,

The work meetings were held around a large marble circular table, after pasta and wine, or by the fire at the Glass House, home to Pietro and Lina. For the first sketches, later transformed into true works of art by Lina in watercolor or colored pencils, the existing older drawings were not consulted. We adopted new spatial proposals. Initially, a large part of the theater's interior would remain, due to a serious lack of resources. Indeed, there were no funds – they would eventually have to be found.

The reading of *The bacchae*, by Euripides, and the concepts of the noh theater guided the initial sketches, with passageways made of interlocking floor boards and a central tarpaulin cover which alluded to a desire for the provisional. There would be no individual seating, but light benches that the audience could move to position themselves according to the scene – and two side galleries made of rough wood, though Lina thought it would be better not to include these. The openings on the internal walls would give the impression of cannon fire – "holes from the Lebanon War" – in an allusion to the openings on the concrete wall at the Sesc Pompeia, which Lina called "holes from the Spanish Civil War".

We made a preliminary draft with which we started the demolition works. One Sunday, Zé Celso, Catherine Hirsch and I went to the theater to look at the space and on the way we bought roast lamb for lunch. That afternoon I felt that we should abandon the idea of refurbishing the existing environment and demolish the entire interior of the theater, keeping only the outer 1920s brick walls and the Roman

13

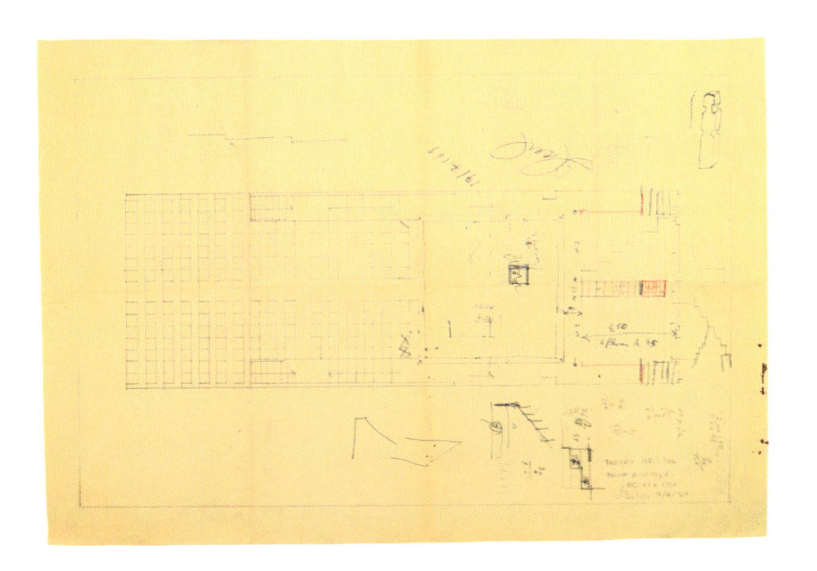

da porta de entrada aos fundos, com um trecho em rampa para vencer o desnível de 3 m da frente aos fundos. Com o engenheiro Roberto Rochlitz e seu entusiasmo pelo projeto, criamos peças de concreto, para sustentação e contraventamento das altas paredes de tijolos, e a estrutura metálica, para dar suporte às novas coberturas e dos mezaninos superpostos ao fundo e para garantir estabilidade das galerias laterais de tubos desmontáveis.

O palco/passarela ganhou uma faixa de 1,5 m de terra coberta por pranchas desmontáveis de madeira laminada, marcando mais fortemente o sentido de rua e de passagem; a estrutura metálica justaposta às paredes de tijolos ganhou uma cobertura em abóbada de aço deslizante, que, platonicamente, contempla o elemento ar, assim como o jardim existente, a terra. Projetamos uma cachoeira composta por sete tubos aparentes que deságuam em um espelho-d'água com mecanismo de recirculação. Para o fogo foi prevista uma rede de gás que abastece um ponto no centro geométrico do teatro.

Foi desenvolvido um estudo pela física Marcia Alucci para a circulação do ar, a ventilação e o conforto ambiental sem a utilização de ar-condicionado. O sistema é composto de entradas de ar no nível do pavimento térreo, com sistema de absorção de ruídos, e exaustão no nível da cobertura, por meio de exaustores eólicos.

Equipamentos de iluminação cênica, de som e de controles eletrônicos situam-se ao fundo, em um dos níveis dos mezaninos, sendo que também foi projetado um sistema de captação e distribuição de

arches as foundations, as well as part of the existing roof structure. Zé Celso then invented the sloping stage. Lina, who was initially against the changes we proposed, sent me a sketch a few days later with a solution for demountable side galleries.

Based on these ideas, we developed a new draft to demolish all the internal walls and create a stage to fill the theater's length, from the entrance to the back of the building; a sloping section was necessary to bridge the three meter difference in level from the front to the back. Together with the engineer, Roberto Rochlitz, who was very excited about the project, we created concrete pieces to sustain and brace the high brick walls and metallic structures to support the new roof and the overlapping mezzanines at the end of the building, as well as to provide stability to the side galleries made of detachable tubes.

The stage/walkway would have a 1.5 m strip of soil covered by removable planks made of laminated wood, providing a stronger sense of a "street or passageway". The metallic structures juxtaposed to the brick walls had a sliding steel dome-shaped cover that platonically contemplated the element air, just as the existing garden contemplated the earth. We designed a waterfall consisting of seven visible tubes that fed into a decorative pool with a recirculation mechanism. For the fire, we designed a gas system which supplied a point at the theater's geometric center.

The physicist Marcia Alucci drafted an air circulation, ventilation and environmental comfort system which did not require air conditioning.

ESPAÇOS CÊNICOS
de GRACIAS SEÑOR

imagens de vídeo para todo o teatro, concebido para privilegiar ações que podem se dar simultaneamente em diferentes locais do espaço cênico.

O contraponto entre as paredes envoltórias de grandes tijolos do início do século XX e as estruturas metálicas principais e as desmontáveis (hoje douradas) pintadas de "azul-arara", conforme insistia Lina, assim como a altura progressiva do pé-direito, chegando a treze metros sob o teto deslizante e a fachada para a rua Jaceguai, mantida cinza e com o aspecto de *bunker* de resistência, transmitem sensações de surpresa e diferenciações espaciais a um conjunto único e transparente.

Os atores e as atrizes, os técnicos, o público e todo equipamento ou objeto de cena (ou não) fazem parte do espetáculo, comungam ou se contrapõem, e não há como esconder nenhum deles. Todos participam da cena. O ator, pela proximidade e por estar visível sob todos os pontos de vista, em oposição ao palco italiano, torna-se exposto em todas as suas dimensões, mas também tem a oportunidade de expor, como em um espelho do público, sua condição demasiadamente humana.

It involved an air vent at the ground floor level attached to a noise absorption system and outlets at roof level, by means of wind ventilators.

Stage lighting equipment, sound and electronic controls were situated at the back, on one of the mezzanine levels. A system was also designed for recording and broadcasting video footage across the entire theater in order to capture actions which could simultaneously take place on different parts of the stage.

A sensation of surprise and spatial differentiation within a single and transparent structure is transmitted by the contrast between the early 20th century outer walls of large bricks, the main metal structures and demountable stands – painted in "macaw blue" (today in gold), as Lina had insisted, the progressive height of the room, which reaches thirteen meters under the sliding dome and the façade on Jaceguay street, left gray to maintain the "resistance bunker" appearance.

The actors and actresses, the technicians, the public and all the equipment or objects, whether part of the set or not, are all part of the show, blending or contrasting. There is no hiding place, everyone participates in the scene. Actors are close and visible from all angles, in contrast to how it was on the Italian stage. They are exposed in every aspect, revealing to the public, as through a mirror, their all too human condition.

---

[1] Arcadas (archways) is the traditional nickname for the University of São Paulo Faculty of Law, located at São Francisco square. [E.N.]
[2] A term which literally means "yard" or "backyard" – the place where religions of Afro-Brazilian origin or influence are practiced.

OFICINA: UM TEATRO ABERTO AO BIXIGÁ.

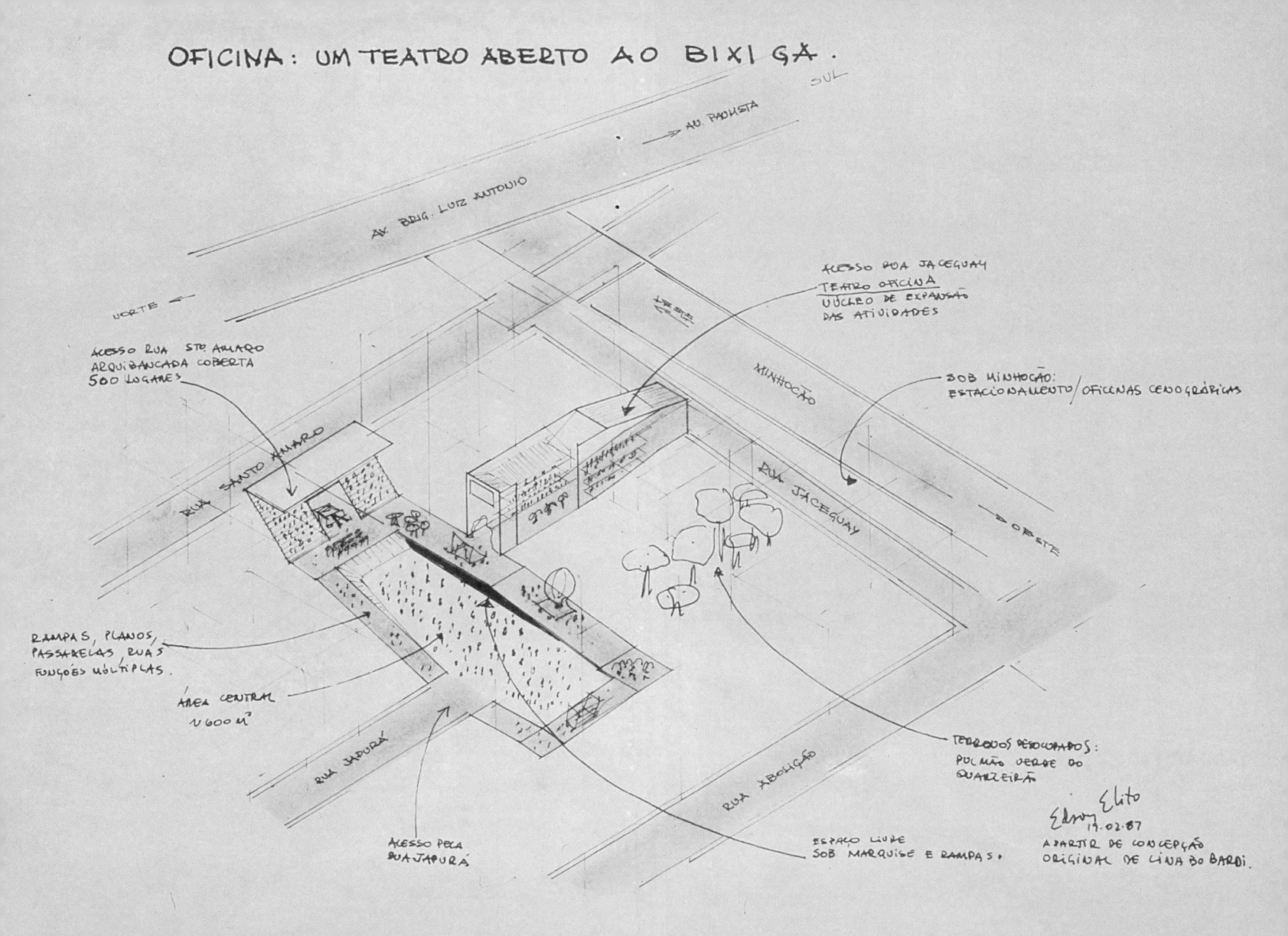

Camarim
Dressing Room

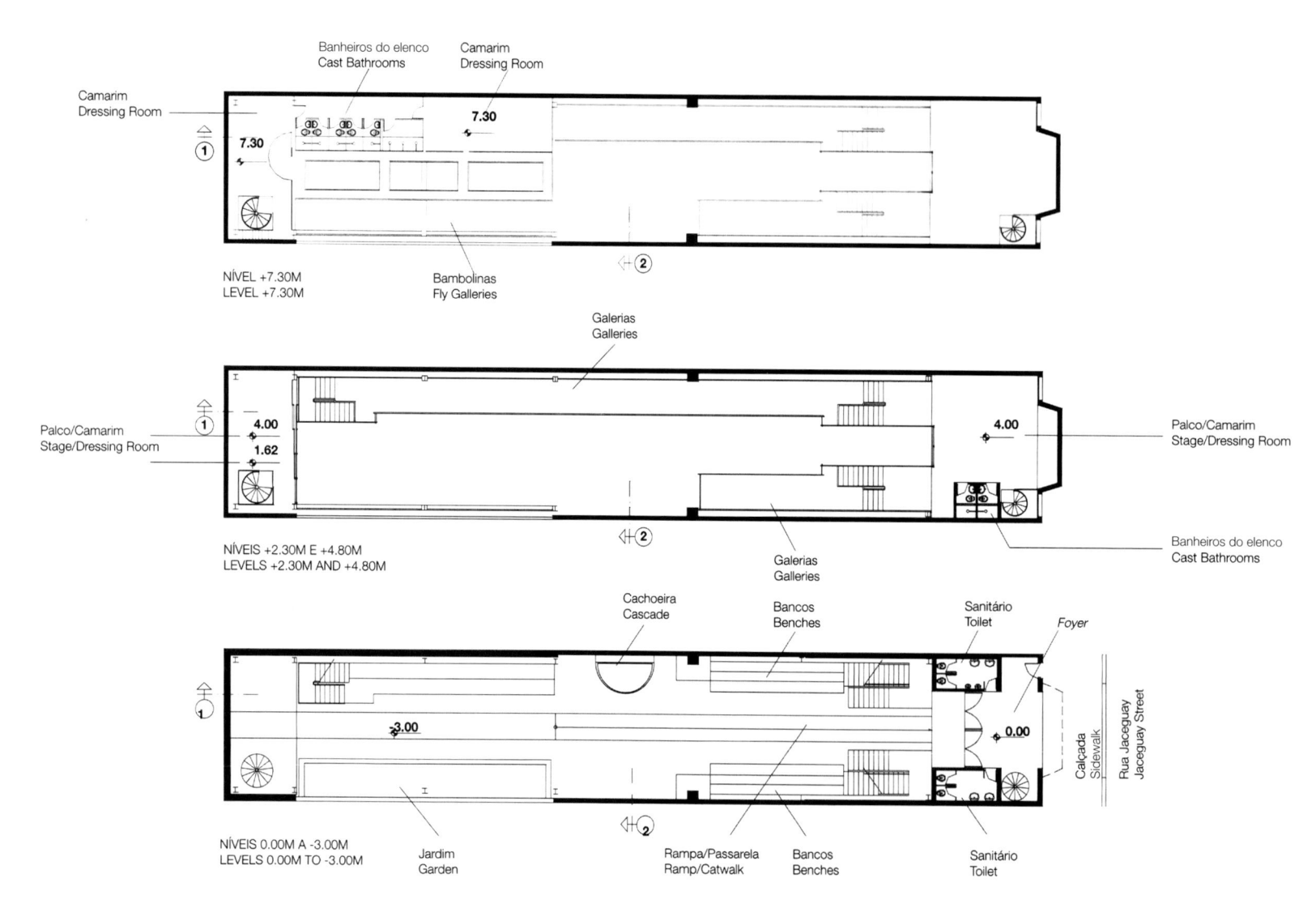

Banheiros do elenco
Cast Bathrooms

Camarim
Dressing Room

7.30

7.30

NÍVEL +7.30M
LEVEL +7.30M

Bambolinas
Fly Galleries

Galerias
Galleries

Palco/Camarim
Stage/Dressing Room

4.00
1.62

4.00

Palco/Camarim
Stage/Dressing Room

Banheiros do elenco
Cast Bathrooms

NÍVEIS +2.30M E +4.80M
LEVELS +2.30M AND +4.80M

Galerias
Galleries

Cachoeira
Cascade

Bancos
Benches

Sanitário
Toilet

Foyer

-3.00

0.00

Calçada
Sidewalk

Rua Jaceguay
Jaceguay Street

NÍVEIS 0.00M A -3.00M
LEVELS 0.00M TO -3.00M

Jardim
Garden

Rampa/Passarela
Ramp/Catwalk

Bancos
Benches

Sanitário
Toilet

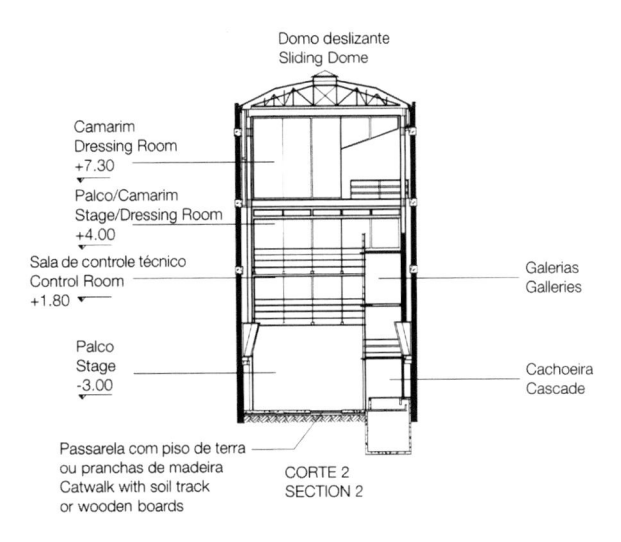

Domo deslizante
Sliding Dome

Camarim
Dressing Room
+7.30

Palco/Camarim
Stage/Dressing Room
+4.00

Sala de controle técnico
Control Room
+1.80

Palco
Stage
-3.00

Galerias
Galleries

Cachoeira
Cascade

Passarela com piso de terra ou pranchas de madeira
Catwalk with soil track or wooden boards

CORTE 2
SECTION 2

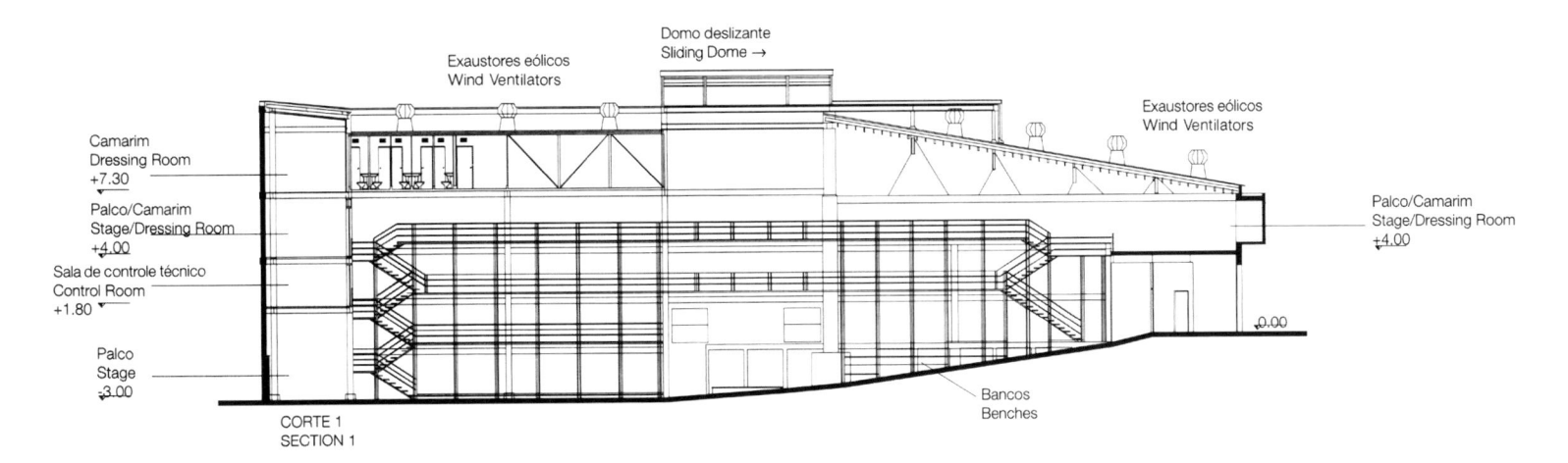

Exaustores eólicos
Wind Ventilators

Domo deslizante
Sliding Dome →

Exaustores eólicos
Wind Ventilators

Camarim
Dressing Room
+7.30

Palco/Camarim
Stage/Dressing Room
+4.00

Sala de controle técnico
Control Room
+1.80

Palco
Stage
-3.00

Palco/Camarim
Stage/Dressing Room
+4.00

Bancos
Benches

CORTE 1
SECTION 1

20

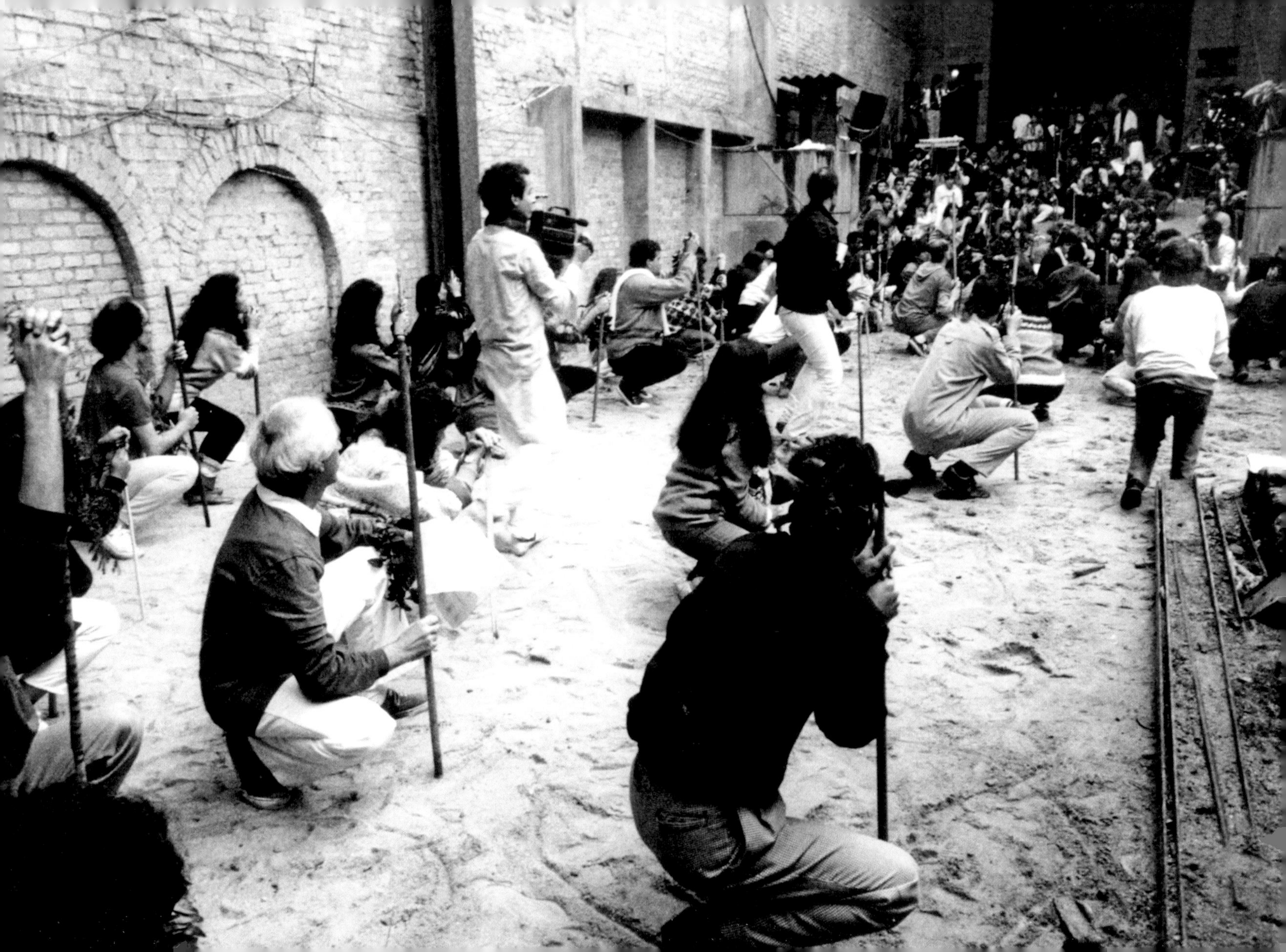

520

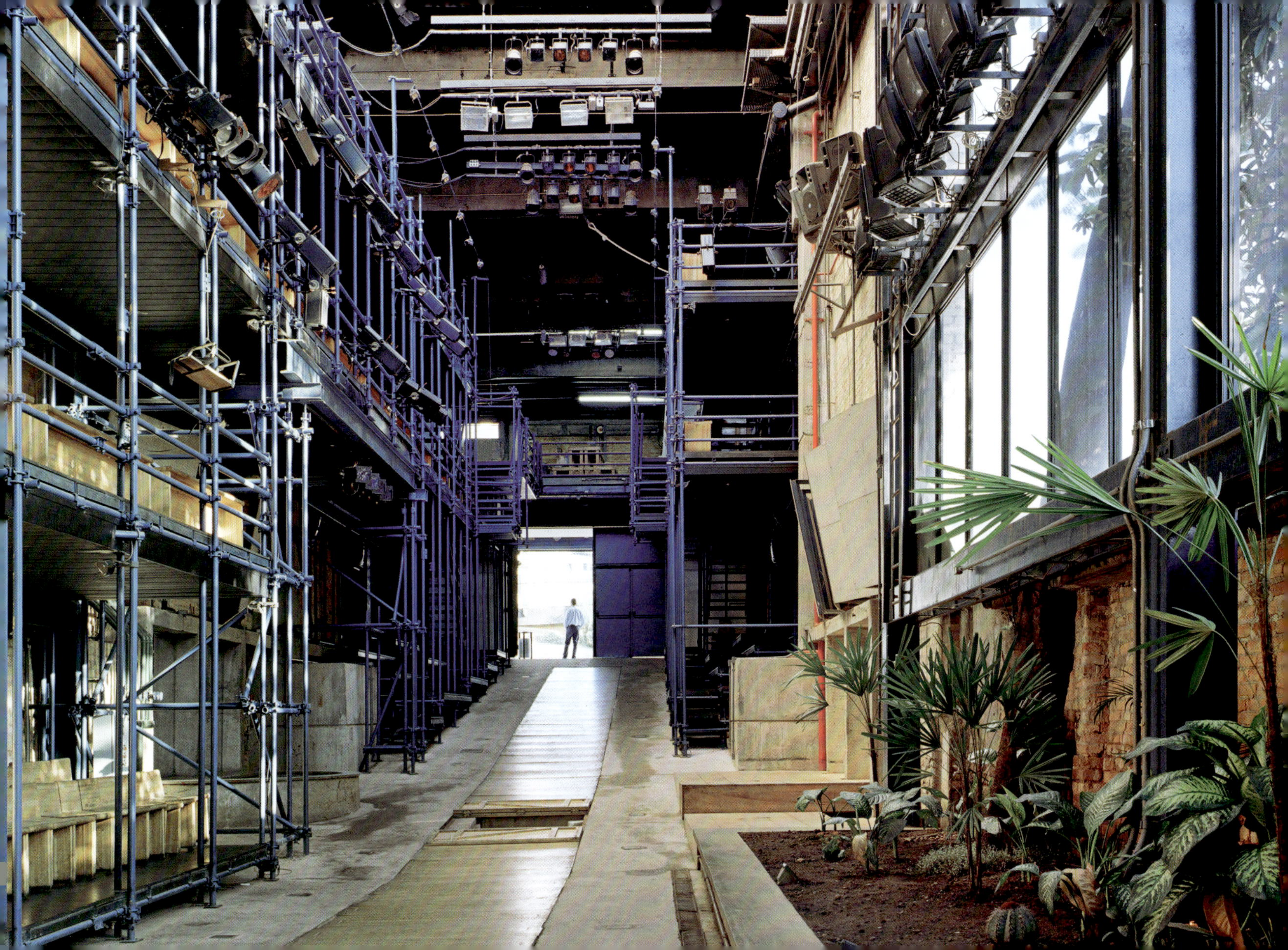

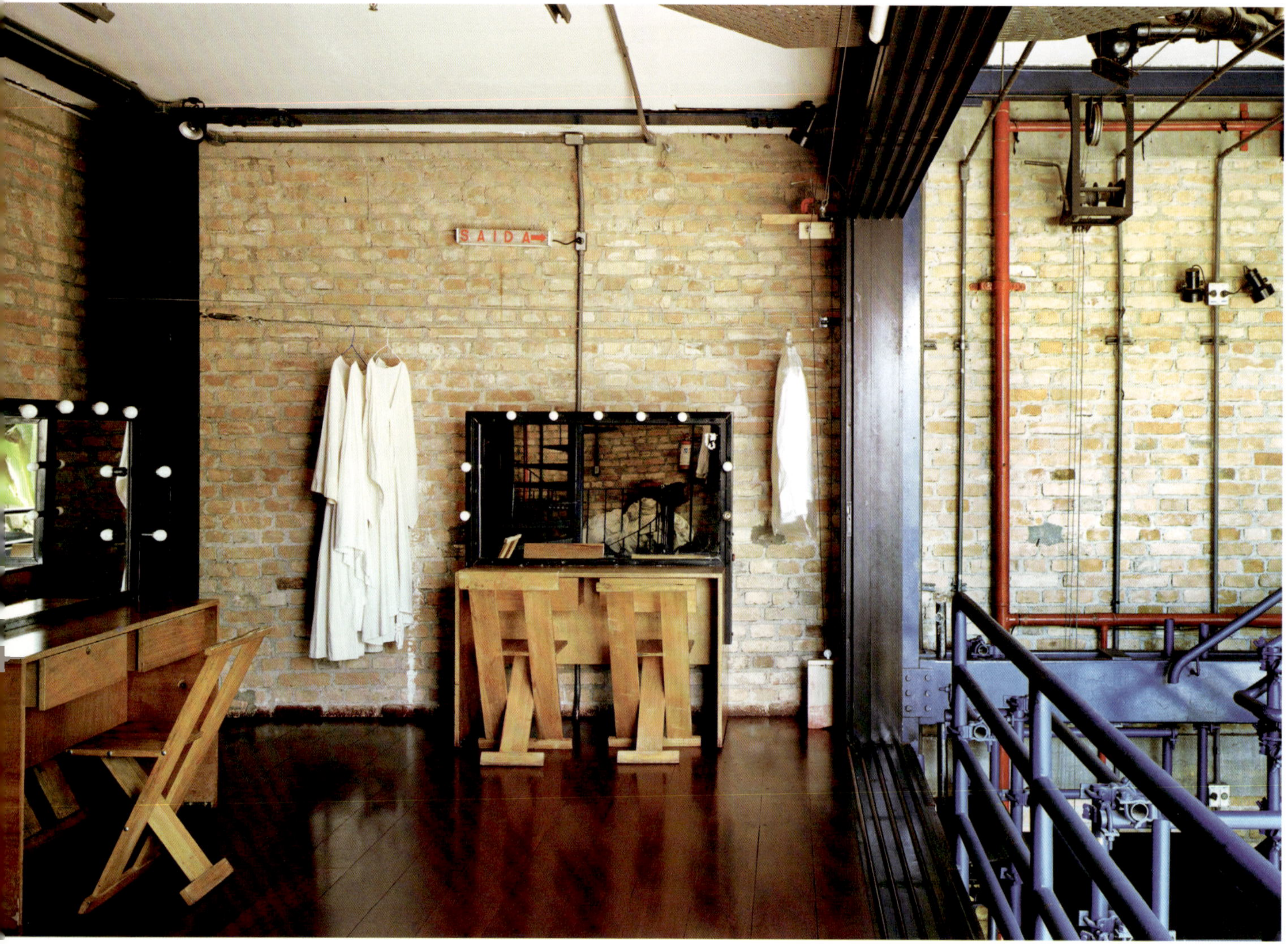
SAIDA

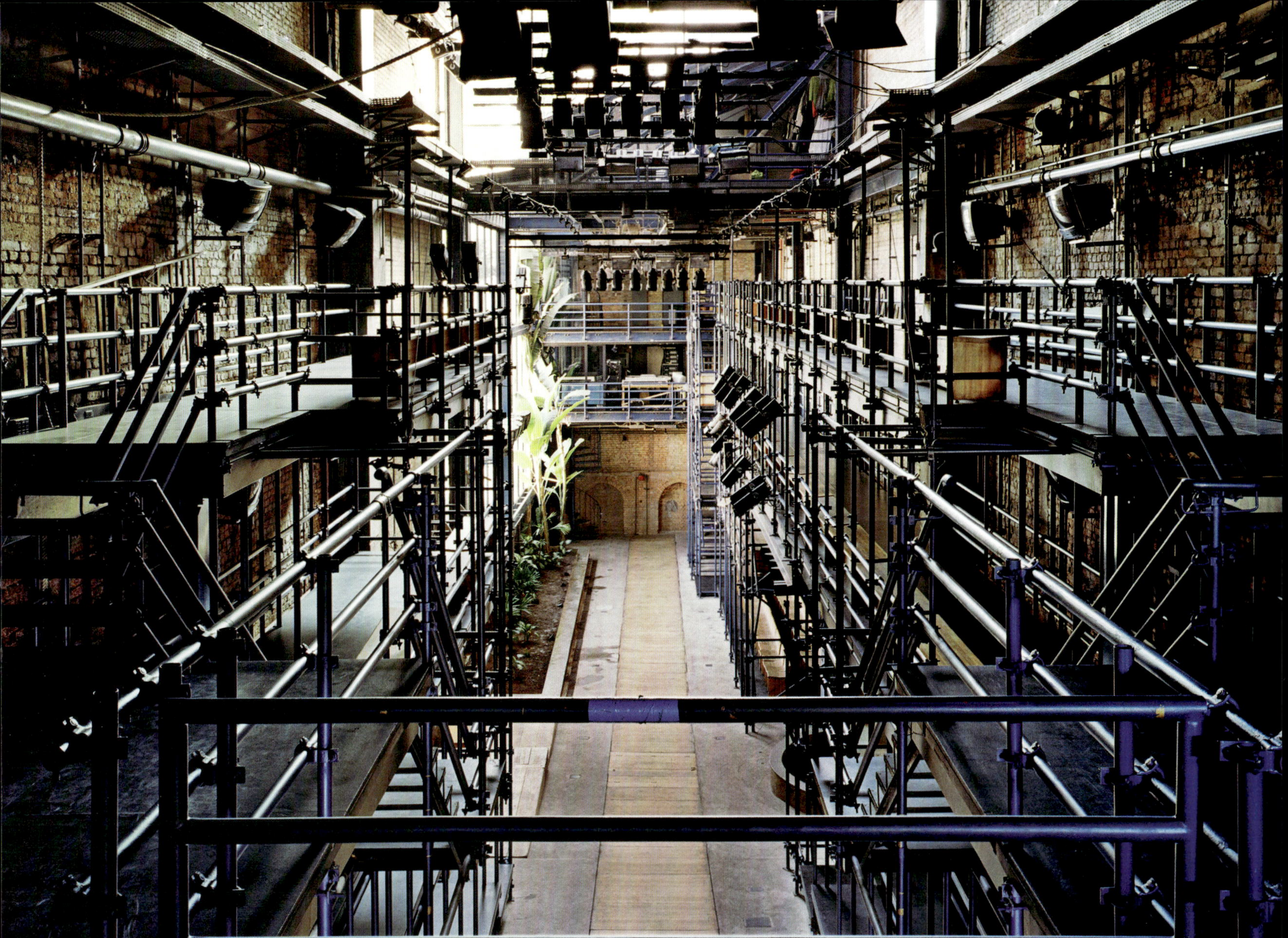

26

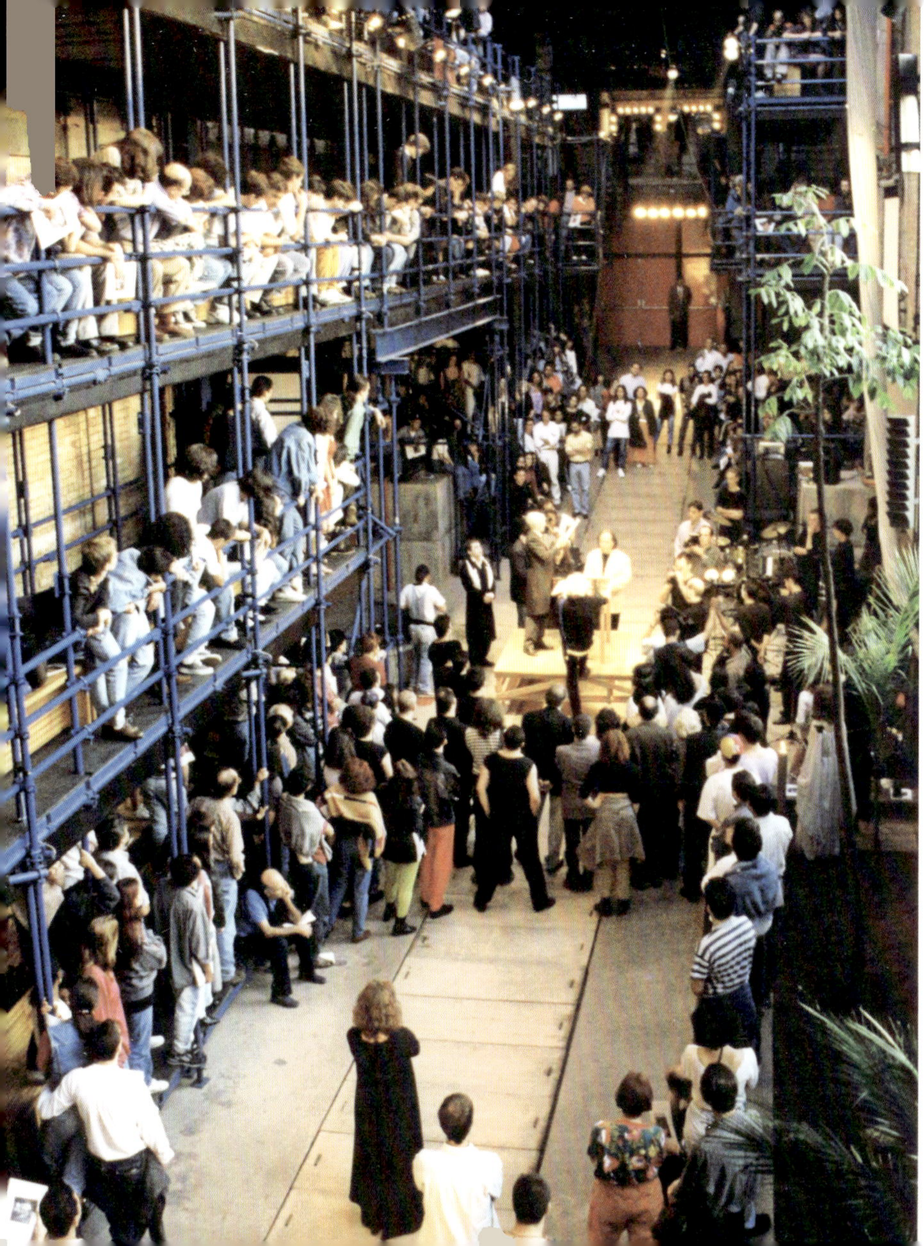

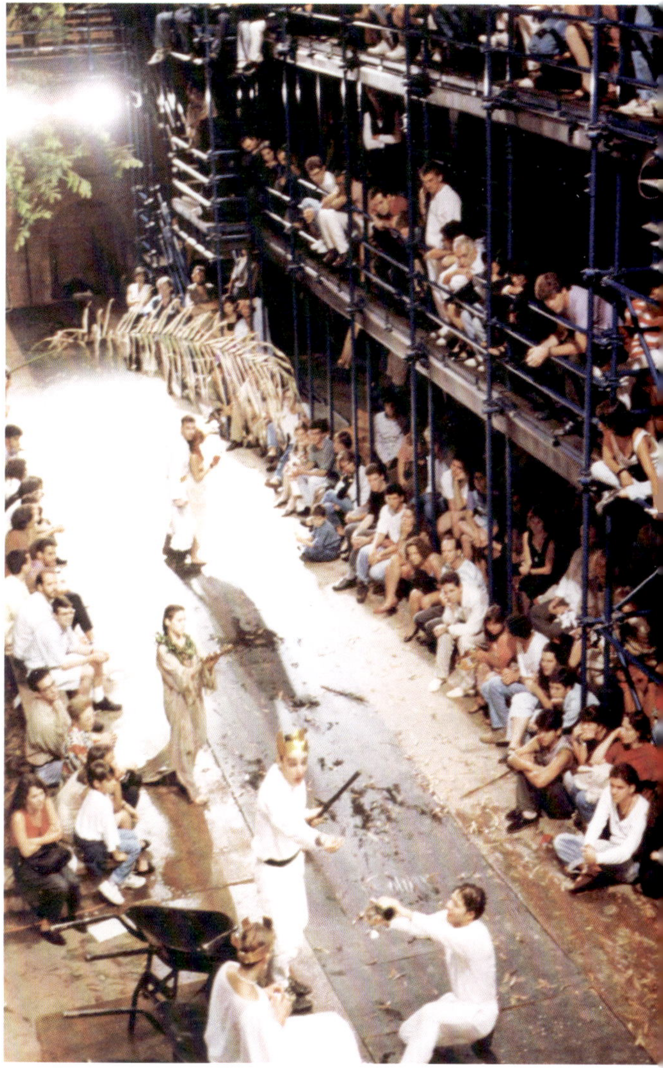

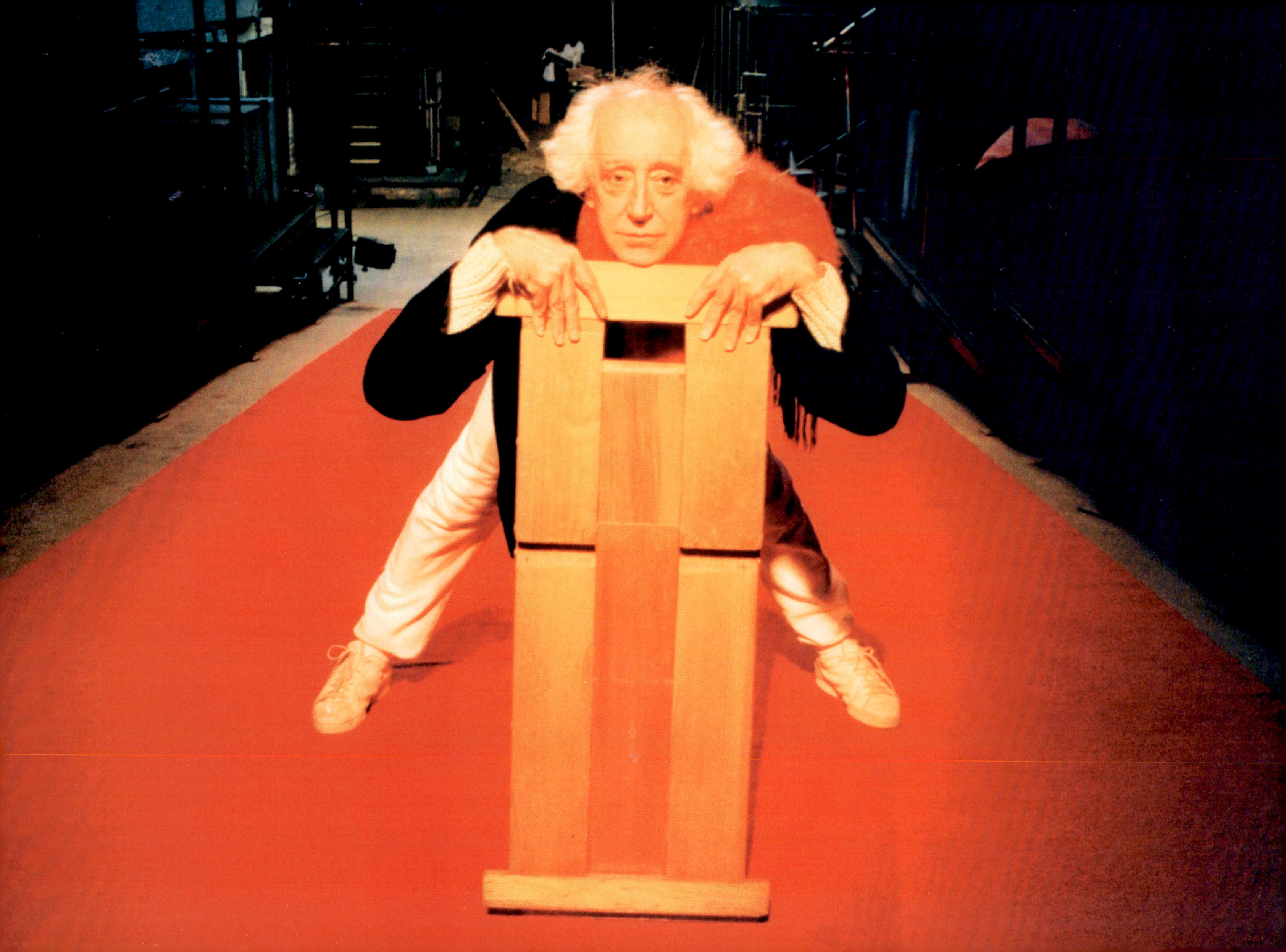

teatro oficina osso duro de roer
josé celso martinez corrêa
Paraíso, 26 de julho de 1999, lua quase cheia

Inverno*
Pra abrir a encenação de *Mistérios gozosos*.

A minha casa
é uma caixa de papelão ao relento
brasa dormindo contra o vento
semente plantada no cimento
criança na calçada.

A minha casa
é geladeira-televisão sem nada dentro
fogo que se alimenta do seu próprio alimento
corpo com copo dando alento
pra campanha do agasalho.

O meu cenário é a fria luz da madrugada
dando espetáculo por nada
calçada da infâmia iluminada
pela Eletropaulo.

A minha casa é maloca rasgada no futuro
é inverno é o eterno enquanto duro
osso duro osso duro
que ninguém há de roer.

A minha casa é o céu é o chão caroço bruto
plantado no vão do viaduto
dando pro Anhangabaú
da felicidade.

Ah anhangá Anhangabaú
Ah anhangá Anhangabaú
Ah anhangá Anhangabaú
da felicidade.

*Zé Miguel Wisnik compôs letra e música inspirado na epopeia do Teatro Oficina para a ópera de Oswald de Andrade em *Os mistérios gozosos*.

oficina theater a tough nut to crack
josé celso martinez corrêa
Paraíso, July 26th, 1999, almost full moon

Winter*
Opening the performance of *Mistérios Gozosos* (Joyous mysteries)

My house
is an exposed cardboard box
an ember braced against the wind
a seed planted in cement
A child on the sidewalk.

My house
is an empty fridge-TV
a self-consuming fire
a body bringing respite in a glass
to the warm clothes campaign.

My scenery is the cold light of the early morning
making a spectacle of itself for free
a sidewalk illuminated in infamy
by *Eletropaulo*.

My house is a shack torn in the future
It is winter, eternal, tough-lasting
A tough, tough nut
that cannot be cracked.

My home is the sky, the earth, a rough kernel
planted below the viaduct
facing Anhangabaú
happiness.

Ah anhangá Anhangabaú
Ah anhangá Anhangabaú
Ah anhangá Anhangabaú
happiness.

*Zé Miguel Wisnik composed music and lyrics inspired by Oficina Theater's epic based on Oswald de Andrade's opera *Os mistérios gozosos*.

30

Minha vida se viu confundida com este lugar que virou o meu destino.

Hoje admito que tenho de me abrir para outras possibilidades, ter férias, passar a bola por uns tempos pra ganhar força, viajar, mas sem descuidar dele, continuando sempre que possível meu trabalho preferencialmente lá.

Desde um ano de idade, quando vinha passar as férias com minha família na casa do meu avô Celso, no fim da travessa Brigadeiro Luís Antônio, onde hoje é o Minhocão, eu via o lugar: "Cabeça de porco, perigoso, tem uma negrada!".

O outro lado, a Jaceguay era fronteira de um apartaide que me fascinava.

Passaram-se 61 anos.

Estou eu do outro lado, na Jaceguay, há praticamente 40 anos, e agora imaginando nos terrenos remanescentes das casas de meu avô uma das torres do ágora que o urbanista arquiteto Paulo Archimendes da Rocha projetou.

No dia 28 de outubro de 1958 um grupo de teatro das Arcadas, Faculdade de Direito do Largo de São Francisco, justamente o Oficina, alugou por três dias o teatrinho espírita dos Novos Comediantes pra apresentar *A ponte*, de Carlos Queiroz Telles, e *Vento forte para um papagaio subir*, de minha autoria. Já magnetizados pelo lugar, lá fizemos *A engrenagem*, de Sartre.

Em 16 de agosto de 1961 *A vida impressa em dólar* abre reconstruído por nós, os "meninos da bigorna", o Teatro Oficina.

No dia seguinte, o governo Jânio Quadros proíbe a peça e manda fechar; dias depois, com o golpe furado da renúncia, Jânio Quadros dançou.

No dia 25 de agosto de 1961 reabrimos o Oficina em curva ascendente de fertilidade, breve lapso forçado com o golpe de 1964, até um incêndio em 1966.

Em 29 de setembro de 1967 reconstruímos em um ano e reinauguramos com *O rei da vela*. Ascensão em curvas e espirais até quedas brutas, muitas mortes e muitos renascimentos.

Origens arcaicas antropofágicas: os Jaceguay

O primeiro ato global do que chamamos Brasil foi a Primeira Missa, teatro português prá índio ver. Os indígenas viram.

Trinta e poucos anos depois, corpos nus dos Caetés encontraram carne embaixo da saia, das saias dos figurinos eclesiásticos do hemisfério Norte naufragando nos mares temperamentais dos recifes. Foi o segundo ato, os Caetés literalmente

My life became intertwined with this place that turned out to be my destiny.

Today I admit that I have to open myself up to other possibilities, take vacations, pass on the responsibility so I can gain strength, travel, but without neglecting the theater, continuing my work whenever possible, preferably here.

I have been coming here since I was one years old. I spent my family vacations at my grandfather Celso's house, at the end of Travessa Brigadeiro Luís Antônio, where today stands the *Minhocão*[1], from where I used to watch this place:

"It's a slum, it's dangerous, there's all sorts of lowlife!"

On the other side, the Jaceguay was the edge of an apartheid that fascinated me.

61 years went by.

I have been on the other side, on the Jaceguay side, for nearly 40 years and now I imagine one of the *Agora Project* towers, designed by urban planner and architect Paulo Archimendes da Rocha, rising from one of the remaining plots of my grandfather's houses.

On October 28th, 1958, a theater group from the *Arcadas*, part of the São Francisco Law School, now the Oficina, rented the small spiritist theater Novos Comediantes for three days to stage *A ponte* (The Bridge), by Carlos Queiroz Telles, and my own play, *Vento forte para um papagaio subir* (The Wind's too Strong to Fly a Kite). This place had a magnetic pull on us and we staged *It the Mesh*, by Sartre, there.

On August 16th, 1961, *Awake and Sing* opened after we, "the anvil boys", had rebuilt the Oficina Theater.

Jânio Quadros's government banned and shut down the theater the following day; days later, after the failed gesture of his resignation, Jânio Quadros was gone.

On August 25th, 1961, the Oficina was reopened, its creativity on an upward curve. It was briefly forced to pause by the coup in 1964 and then by the fire in 1966.

After rebuilding the theater in one year, we opened on September 29th, 1967, with a production of *O rei da vela* (The Candle King). There were uneven rises and spirals and even brutal falls, many deaths and many rebirths.

Archaic anthropophagical origins: The Jaceguay

Act I of what we call Brazil was the First Mass, a Portuguese play for Indigenous eyes to see. They saw.

descobriram o teatro global do hemisfério Sul com a devoração de Sardinha, Bispo Português. O deus Dionísios reestreou no Brasil, no litoral de Alagoas, a mesma cena primeira e última da origem e fim da tragédia grega: a devoração de Pentheu pelas Bacantes.

Oswald de Andrade, como um Ésquilo, retomou este ato, como mito de origem da civilização brazyleira. O Teatro Oficina, tataraneto de Gil Vicente, amante de Martins Pena, neto do *Vestido de noiva*, filho do TBC e do Arena, teve seu segundo nascimento com *O rei da vela*. Oswald ressignificando o teatro brasileiro. Ao dilema hamletiano do mundo ocidental cristão *to be or not to be*, respondeu *yes, tupy*, plugando tecnizado o retorno do mundo bárbaro americano asiano africano. O lugar deste retorno foi o Oficina, reconstruído de um incêndio pelo poeta arquiteto cênico Flávio Império.

No início eram os tupys os que deram o nome da rua: os comecabeça = os Jaceguay.

Os bandeirantes tomaram estas terras do Bexiga, que depois vieram pras mãos de Libertas, uma escrava que ganhou do seu senhor alforria e os domínios do barão da Jaceguay. Era um quilombo que chegava até a avenida Paulista: "A Chácara do Bechiga". Há documentos com os herdeiros de Libertas. Mas estas terras foram de novo griladas pelos emigrantes enriquecidos e viraram *villas italianas*. Depois cortiços, cabeças de porco, no fim dos anos 1940 foram plantadas cantinas e teatros. Nos 1950 funcionava onde é o Oficina um teatro espírita mesa-branca: Novos Comediantes, reencarnação de Os Comediantes, companhia do Rio que celebrou o casamento do Brasil com o teatro moderno no *Vestido de noiva*, montagem marco de Nelson Rodrigues e Ziembinski.

O nome invocado não reencarnou. Nenhuma peça funcionava, diziam "aí tem caveira de burro". Mas a invocação valeu. Libertas, dona do pedaço depois dos tupys, deve ter enterrado uma caveira de burro pra proteger o lugar pros Comediantes baixarem em um terreiro chamado Oficina.

Origem recente e futuro presente

Franco Zampari, empresário ítalo-paulista, importado por Matarazzo, "produtor estrategista" da Revolução de 1932, apostou a beira de sua piscina que São Paulo fabricaria um teatro nos mesmos padrões de qualidade do hemisfério Norte: o Teatro Brasileiro de Comédia, o TBC. Começou a ocupação global teatral do Bexiga.

A little after 30 years, the naked bodies of the Caetés found fleshy meat under the Northern Hemisphere's ecclesiastical skirts drowning in the temperamental seas of our reefs. That was Act II. The Caetés literally discovered the global theater of the Southern Hemisphere by devouring Sardinha, a Portuguese Bishop. The god Dionysus performed again in Brazil, on the Alagoas coast, the same opening and closing scenes of the origin and end of the Greek Tragedy, Pentheus devoured by the Bacchantes.

As if he were Aeschylus, Oswald de Andrade re-enacted this as the myth surrounding the origin of Brazilian civilization. The Oficina Theater – Gil Vicente's great-grandson, lover of Martins Pena, grandson of *Vestido de noiva* (The Wedding Dress), son of TBC and Arena – had its second birth with *Rei da vela*. Oswald acquiesced to Brazilian theater. To the Christian Western world's Hamletian dilemma of "to be or not to be" he replied yes, *Tupy*, technically switching on the return of the barbarian American-African-Asian world. The place of this return was the Oficina which rose out of the fire through the works of the set designer-architect-poet Flávio Império.

It was the Tupys who first named the street: the Jaceguay or head-eaters.

The *Bandeirantes*[2] took over these Bexiga lands, which came into the hands of Libertas, a free slave. Her master, the Baron of Jaceguay, gave her freedom and these lands: a quilombo, reaching as far as Avenida Paulista – "Bechiga's *Chácara*". There are documents showing it belonged to Libertas's heirs. But these lands were again illegally settled by immigrants made rich, and Italian villas sprung up. Then, a period of tenements and slums and in the late 1940s, Italian restaurants and theaters flourished. In the 1950s, a *white table*[3] Spiritist Theater existed where the Oficina is today: *Novos Comediantes*, the reincarnation of *Os comediantes*, a Rio de Janeiro theater group which celebrated Brazil's marriage to modern theater by staging *Vestido de noiva*, a milestone production for Nelson Rodrigues and Ziembinski.

The name invoked could not reincarnate. No play was successful. They said that "there is a donkey's skull in that place". But the invocation was worth it. Libertas, who owned the land after the Tupys, must have buried a donkey's skull to protect this place so that *Os Comediantes* could come down to earth to a *terreiro* called Oficina.

Zampari importou diretores, italianos principalmente, recém-saídos da guerra, do combate antifascista da mesma onda em que emergiam os gênios do cinema europeu e processou a matéria-prima humana local: os amadores de teatros da pauliceia. Entre eles vinha uma mulher que topava beijar na boca e dizer a palavra *amante*, mas não de graça, amadora. Exigia ser paga: a antropófaga Cacilda Becker. O TBC virou um teatro profissional de repertório com elenco permanente. Cresceu. Várias repúblicas teatrais se libertaram independentes de seu ventre original: Sérgio Cardoso e Nydia Lícia, Maria Della Costa, Cacilda Becker. Outras se criaram na antagonia, como o Arena e o Oficina, na antropofagia do seu modo de produção e criação. O Bexiga virou o umbigo cultural de São Paulo dos anos 1950 aos 1970.

Oficina foi a única república que sobrou com o mesmo diretor, sinceramente não sei se é gloria ou maldição, e passou a ocupar um tempo longo nesta história que dizem de 500, não sei quantos mil ânus. É um fóssil vivo de 40 anos – misterioso até pra mim que estive lá sempre no beco sem saída inventando um jeito de superviver.

Terra ignota, muitas pessoas nunca entraram dentro e sequer sabem da estranha forma arquitetônica de boca do Bexiga, aberta pra uma pista-canal deglutidor da comida que vem das dramaturgias do mundo devorando a personagem do mico: "ser humano" e provocando suas potências de superar-se. A palavra mágica do teatro é MERDA. A tripa da Jaceguay 520 não tem cu. A saída da matéria do amor feito, estaca num beco, num estacionamento do Baú da Felicidade.

O Teatro Oficina faz um trabalho de beco sem saída que quer saída e às vezes chega, a fugidias epifanias teatrais numa poética de luta pela vida. As personagens a terra terreiro têm uma trajetória de luta por um teatro concreto. As peças que lá como um barracão de escola de samba têm origem são apresentadas em muitos outros lugares, mas o Teatro, o lugar em si, é uma metáfora arquitetônica e urbana de uma postura diante do Teatro e do espetáculo do mundo. Uma encenação num terreno dos impasses globais da contracenação entre um poder cultural direto e o vídeo financeiro que o cerca por todos os lados, o complexo do Baú da Felicidade.

Oficina é o que resistiu da história humana teatral, urbanística e arquitetônica deste lugar do Bexiga na Jaceguay – o seu nada... e o que este nada preenche e esvazia como sua expansão e contração natural: a necessidade de uma arquitetura virando teatro, que vira urbanismo que chega na construção de uma ágora, de uma praça pública. Arqueologia urbana, não é, Lina?

Recent origins and future present

Franco Zampari, an Italian-born São Paulo impresario, imported by Matarazzo – the "strategic producer" of the 1932 Revolution – risked the side of his pool in a wager on the fact that São Paulo would have a theater of the same standard as those in the Northern Hemisphere. The Teatro Brasileiro de Comédia, TBC. Thus began the global theatrical occupation of Bexiga.

Zampari brought in directors, mainly Italian, fresh from the war and the anti-fascist struggle. They belonged to the same movement that gave rise to the emerging geniuses of European cinema. They made use of the local raw human talent: the theater lovers of *Pauliceia*[4]. Among them was a woman who dared to kiss on the lips and say the word "lover", but not for free, not as an amateur. She demanded payment: the anthropophagic Cacilda Becker. The TBC became a professional theater with a repertoire and permanent cast. It thrived. Many flew from their original theatrical nest: Sérgio Cardoso and Nydia Lícia, Maria Della Costa, Cacilda Becker. Others were raised in antagonistic settings such as the Arena and the Oficina theaters with their cannibalistic methods of production and creation. Between the 1950s and the 1970s *Bexiga* became the cultural navel of São Paulo.

The Oficina was the only group to keep the same director until today. I honestly do not know if it is a blessing or a curse, and the theater became an almost permanent feature in this long story, they say approximately 500 years long, I do not know how many thousands of years of onus or anuses – a 40 year old living fossil. It's a mystery even to me how I've always been there in that dead-end alley inventing a way to survive.

Terra ignota – many people have never been inside and are even unaware of Bexiga's strange architecture in the shape of a mouth: it opens toward the canal-track which feeds on the fare coming from the world's dramaturgy, devouring foolish characters: "human beings", empowering them to supersede themselves. The magic word of the theater is *MERDA* (shit). But the guts at 520 Jaceguay do not end in an asshole. There's no way out for the residues of love-making, they pile up in an alley, in the *Baú da Felicidade's*[5] parking lot.

The Oficina Theater is dead-end work; it wants to get out and sometimes manages to attain the ephemeral theatrical epiphanies in a poetic struggle for life. Its protagonists grounded to the *terreiro* have a history of fighting for a concrete

Muitas noites, cenas são dadas como carne viva a pequenas multidões antropófagas, produzindo mirações desta obra coletiva de arte que às vezes é o Teatro Oficina. Então leem-se marcas passadas e chaves futuras da história recente do Brasil lá tatuadas como uma caverna programada.

Lina dizia que, pra tombar, pra segurar mesmo esse teatro, era preciso colocar ferro na entrada como nos terreiros das Bahia, pra Ogum. Está lá uma bigorna chifrando na testa do prédio, dando pro Minhocão faminta do banquete da Ágora, Praça Pública. O desenho de Carla Caffé é a mais perfeita tradução deste sonho.

Cacilda!!!! é uma tetralogia que escrevi que determina como espaço cênico a penetração do público no teatro pelo telhado na boca aberta pro céu do teto móvel, direto pra catacumba dos infernos, abrindo pontes, possíveis passagens da rua para os nove pontos do tempo e do espaço, que contornem e detonem o bloqueio indigesto da ditadura-videofinanceira numa ágora midiosférica.

>   Um dia se abrirá na praça pública
>   Meu abscesso fechado!
>   Expor-me-ei perante as largas massas...
>   Viverei na ágora. Social. Libertado!
>   O que nos traz à cena é mais a fome do que a vontade de "representar".
>   Oswald de Andrade, em *A morta*.

No ser arquitetônico do Teatro Oficina está programado o sonho faminto da devoração da pequena ideia de "homem" e do mundo da monarquia provinciana da aldeia global imposta ao excluído pelo excluidor.

No Teatro reina a Monarquia, governo de Momo, o Carnaval permanente que desfila comendo solto na pista em busca da sua apoteose, servindo banquetes periódicos seguidos de grande seca.

Lá foi servida em duas arquibancadas duplas, a públicos espelhando-se como duas fatias de pão de um sanduíche, instalação do arquiteto Joaquim Guedes, a carne do ator com método Eugênio Kusnet, Stanislávski e Boal. Quebraram-se clichês de "homem". Suores, babas, lágrimas, fluxos do corpo na emoção libertadora jorraram no suicídio de classe dos *Pequenos-burgueses*.

Um Incêndio tragou todo o churrasco. O teto desabou.

Reconstruir tudo à vista, comer Brecht.

Flávio Império e Rodrigo Lefèvre põem numa arquibancada sólida de cimento theater. Like the songs composed in a samba school, the plays conceived in the Theater are staged in many other places. But the theater, the place itself, is an architectural and urban metaphor, an attitude toward Theater and the spectacle of the world. It is an act with a plot of a global deadlock, where direct cultural power is playing opposite the financial videos coming from all sides, the Baú da Felicidade complex.

Oficina has survived the theatrical, urban and architectural human history of *Bexiga* on *Jaceguay* – its nothingness... and it has also survived that which nothingness fills and empties through its natural expansion and contraction: the need for an architecture that can turn into theater, that then turns into urbanism and culminates in the construction of an *Agora*, a public square. Urban Archaeology, isn't it, Lina?

During many nights, scenes are given as living flesh to small anthropophagic crowds, producing visions of this collective work of art that sometimes is the Oficina Theater. And on these occasions past marks and the keys to the future about Brazil's recent history are read. They are tattooed on this place as if they were a programmed cave.

Lina used to say that to protect, to safeguard this theater, it was necessary to put a piece iron on its entrance, as they did in the *terreiros* of Bahia, for Ogun. And there it is, Ogun's anvil, goring with its horns on top of the building's head, giving the starving *Minhocão* some of the *Agora*'s banquet, the Public Square. Carla Caffé's drawings are the best interpretation of this dream.

Cacilda!!!! is a tetralogy I wrote. In this set of plays, the scenic space is set by the penetration of the audience into the theater's mouth, through the roof open to the heavens via its mobile ceiling, and straight into the catacombs of hell, opening bridges, possible passageways from the street to the nine points of time and space which bypass and destroy the unpalatable video-financial-dictatorship blockade in a *mediaspheric Agora*.

>   One day it will be opened out to the public square
>   My closed abscess!/I will perform in front of the great masses...
>   I will live in the Agora. Social. Liberated!
>   We are in this scene more out of hunger than a desire to "represent".
>   Oswald de Andrade. *A morta* (The dead woman).

o público pra contemplar – num palco nu, urdimentos à vista, num chão giratório – o que passava: *O rei da vela*, de Oswald de Andrade, texto espelho inverso do Brasil global.

Hélio Eichbauer fez os cenários, fantasiou e tatuou na cultura brasileira o imaginário Tropicalista.

Renato Borghi, Ittala Nandi, Etty Fraser, Fernando Peixoto, Francisco Martins e outros "cavalos" atores incorporam as entidades dominós de jogo de cartas marcadas da política brasileira domadora da multidão nas jaulas. Foi a Epifania da Antropofagia e do Modernismo, o relink com a cultura do teatro de revista, com o pré-Anchieta: o Tupy. *That is the answer.*

Galileu Galilei estreia atrás das grades, no dia do AI-5.

Glauber me instigou a trabalhar com Lina Bo Bardi. Topei, ela topou fazer *Na selva das cidades* do jovem Brecht e dar início ao terceiro Teatro Oficina. A revolução da civilização brasileira estava recém-esmagada pelo AI-5, o Bexiga arrebentado, dividido pra ser atravessado por uma espécie de Muro de Berlim: O Minhocão. Hoje queremos ressignificar, transformar o muro Minhocão em Ágora. Na época era um Kosovo. Lina pegava o lixo da obra do Minhocão e trazia pra dentro. Armou um rinque de boxe no centro do espaço, colocou uma arquibancada no palco e, durante 11 *rounds*, construiu-se pra destruir todo dia tudo, 11 construções cênicas (não eram mesmo "cenários"). À medida que iam sendo derrubadas, iam empilhando-se até se chegar a destruir nos últimos *rounds* o próprio rinque e no fim o chão da Jaceguay 520. Rimbaud cantava "Debaixo do paralelepípedo tem o mar". Lina completava "Se tira o cimento, vira o sertão". Começamos a projetar escavações arqueológicas para o espetáculo. Uma ossada de burro literalmente desenterrava a famosa Caveira de Burro de Libertas. Cacilda Becker morria de aneurisma e nós quebrando tudo, refazendo cada noite pra não enfartarmos. Chegamos ao subsolo, à longitude.

As três irmãs, de Tchekhov, queriam as latitudes, atravessar as paredes. Primeiro foi numa viagem de ácido que Celso Luccas e eu atravessamos o beco sem saída. Vi atrás dos muros um afluente até o rio Anhangabaú, no viaduto do Chá. Imediatamente comuniquei a Lina. "Eu não sou bruxa, sou arquiteta, não atravesso, quebro paredes." A voz de Lina ecoa até agora.

Os cano(ne)s das tripas antropofágicas iam poder defecar.

Era necessário pôr abaixo o beco, o "paredão".

The famished dream of devouring the small idea of "man" and the provincial monarchical world of the global village imposed on the excluded by the excluder is programmed in the architectural essence of the Oficina Theater.

Monarchy reigns in the theater, the Momo Government, where Carnival is permanently parading, eating freely as it moves in search of apotheosis, serving periodical banquets followed by severe droughts

In the Theater, the flesh of actors was served up through the methods of Eugene Kusnet, Stanislavski and Boal. The audience was divided into two stands, each reflecting a half of bread in a sandwich – an architectural design by Joaquim Guedes. Clichés regarding "Man" were broken. Sweat, slobbering, tears and bodies flowing in liberating emotion gushed in the class suicide of *The Petty Bourgeoisie*.

A fire engulfed the entire barbecue. The roof collapsed.

Everything in sight needed rebuilding, Brecht consumed.

Flávio Império and Rodrigo Lefèvre left the audience on solid cement stands to contemplate – on a bare stage, theater mechanics exposed, a revolving floor –what was on: *O rei da vela*, by Oswald de Andrade; a text that is the reverse mirror of global Brazil.

Hélio Eichbauer designed the sets, fantasizing and tattooing the Tropicalist imaginary onto Brazilian culture.

Renato Borghi, Ittala Nandi, Etty Fraser, Fernando Peixoto, Francisco Martins and other "horse[6]" actors incorporated the domino effect on the marked cards of Brazilian politics, taming the crowd in their cages. It was the Epiphany of Anthropophagy and Modernism, re-establishing the link between revue theater and pre-Anchietan times: Tupy. That is the answer.

Life of Galileo opened behind bars, on the day of the AI-5[7].

Glauber Rocha prompted me to work with Lina Bardi. I said 'yes' and she agreed to work on *In the jungle of cities* by the young Brecht and start on the third Oficina Theater. The revolution of Brazilian civilization had recently been crushed by the AI-5, Bexiga in tatters and divided, to be crossed by a sort of Berlin Wall: The Minhocão. Today we acquiesce, we want to transform the Minhocão-Wall into the *Agora*. At the time it was a Kosovo. Lina picked up rubble from the Minhocão building works and brought it inside. She set a boxing ring in the middle and put a stand on stage, for 11 rounds, everything was built to be destroyed, everyday, 11

Começávamos o rito do Te-ato de *Gracias, Señor* com o teatro absolutamente pelado por Lina, encostados no paredão em confrontação com o público que chamávamos pra revolição, lição do voltar a querer o espaço todo, e mais, o fora dele.

A censura da PF, em SP, faz um movimento corporativo exigindo à chefia da PF em Brazilha que tirasse a peça de cartaz... Brazilha não queria porque estudava os nossos "métodos importados via PC Chinês pra hipnotizar o público". A própria PF publicou nos jornais um documento a nossa caça com esta paranoia: "Como êles agem".

Estado de emergência-rotina entra em cartaz na raça, de um dia pro outro a *Revolisom: assembleia permanente de rock* das sete da noite varando madrugadas orgiásticas da loucura do começo dos 1970, em busca de luz na escuridão onde ela se manifestasse.

Luiz Antonio meu irmão sobe do porão para o palco com pão e circo, *O casamento do pequeno-burguês*, do jovem Brecht.

Às dez horas da noite, no último dia do ano de 1972 começamos uma sessão *réveillon* público de *As três irmãs*, de Tchekhov, que terminou no ano seguinte. A peça era mágica e precisa. Essa transnoite foi um rito violento em que batalhamos minuto a minuto nossa vida entre duas concepções de teatro que na época pareciam antagônicas. O cordão dourado do grupo Oficina arrebentou-se.

Dei um tempo.

Aluguei o Oficina pra um professor que fazia "Teatro Cívico", projeto educativo da ditadura Médici, e quase nos tomam o Teatro. Oficina foi reocupado pelos que lutaram escandalosamente pela sua retomada: a Comunidade Oficina Samba, formada por atores e jornalistas da imprensa nanica, *Bondinho – Ex*. O palco e a plateia de 250 poltronas silenciados. Trabalhávamos nos fundos do teatro já com uma visão de derrubar a parede que separava o palco dos bastidores, nossa moradia. Clementina de Jesus e seu marido, Paulinho da Viola, Elton Medeiros e todo o pessoal do Rosas de Ouro tinham morado lá em toda a temporada do *show* em São Paulo. Tínhamos orgulho de termos tido essa aristocracia do samba nos antecedendo.

Em 21 de abril de 1974 – a polícia invade atirando nos muros do fundo, que devolvem as balas milagrosamente pro antebraço de um dos atiradores.

Fomos forçados a sair do Brasil levando o que podíamos conosco, não sabíamos quando voltaríamos.

sets were built (they were not even "sets"). As they were destroyed, they would pile up, until the last rounds when the ring itself was destroyed and in the end, the ground of 520 Jaceguay. Rimbaud used to sing "the sea is underneath the sidewalk". Lina added "If cement is stripped away, it turns back to *sertão*[8]". We started designing archaeological excavations for the show. A donkey's skeleton, Libertas's famous Donkey Skull was literally exhumed. Cacilda Becker was dying of an aneurism while we were breaking everything up and rebuilding every night so as not to break down of a heart-attack. We reached the subsoil, the longitude.

Chekhov's *Three Sisters* required latitude, breaking through the walls. The first time I crossed the dead-end alley was during an acid trip with Celso Luccas. Behind the walls I saw a tributary of the Anhangabaú River, under the Chá Viaduct. I immediately told Lina. "I am not a witch, I am an architect, I do not cross walls, I break them down." Lina's voice still echoes today.

The canon-pipes of the anthropophagic guts would finally be able to defecate. It was necessary to bring down the alley, the *paredon*, the "*wall*".

We began the *te-ato* rite of *Gracias, Señor*, the theater was made completely bare by Lina, our backs against the "wall" facing the audience, whilst calling them to join our *revolesson*, a lesson in wanting the return to the whole space and what was outside it.

The São Paulo Federal Police's censorship, in a corporate gesture, demanded the heads of the Federal Police in Brasilia to ban the play... Brasilia did not want to do this as it was studying our "methods, imported via the Chinese Communist Party, to hypnotize the public". The Federal Police hunted us by publishing a hostile article in the papers, containing this paranoia: "How They Act".

Routine State of Emergency debuted forcefully and overnight. The *Revolusound* – a permanent rock assembly that lasted from seven in the evening to the early hours of the morning, in an orgiastic night of 1970s madness in search of a light in the darkness, wherever it might be found.

My brother, Luiz Antonio, came from the basement to the stage with bread and circus, *A Respectable Wedding*, by the young Brecht.

At ten o'clock in the evening of the last day of 1972, we staged a New Year's Eve debut of Chekhov's *Three sisters*, which ended the following year. The play was magical and precise. That night was a violent rite when we put our lives on the

Luiz Antonio, meu irmão primeiro, e a bilheteira do teatro, Tereza Bastos, nunca suficientemente homenageada, todo o tempo de exílio seguraram o Teatro Oficina. Essa história não sei contar nem nunca foi contada. Durou quatro anos.

Voltei, chegado das revoluções portuguesa e moçambicana, com Zumbi na cabeça me guiando. Assumi o Oficina. De birra, tinha saído de lá à força.

Jovens vindos de vários pontos do Brasil: músicos do movimento negro, terreiros de macumba, candomblé, nordestinos de São Paulo do Forró do Avanço de Edgar Ferreira, Sandy Celeste, Feliciano da Paixão, abrem os Sertões do Oficina, na cozinha de Zuria, a Cantina Cabaret. São os *Ensaios gerais do Carnaval do povo* pra longa luta pela terra que o teatro viria a enfrentar.

Começamos abrindo uma janela no beco sem saída que, pra nossa surpresa, deu num teatro grego natural: o estacionamento do Baú da Felicidade.

No meu aniversário, numa festa pública de retorno ao Brasil, ingresso pago com garrafas e tonéis de vinho, brindes às primeiras picaretadas no paredão que separava o palco dos bastidores. Pompilio, um pedreiro saído nesta noite da prisão, foi o autor desta abertura. No Brasil ela continuava devagar.

24 de agosto de 1980

Estreia do show *Lírio do inferno*, com Maria Alice Vergueiro.

São projetados publicamente os *slides* com os desenhos de Lina Bardi e Marcelo Suzuki do novo Oficina, estendendo-se pelo estacionamento do Baú da Felicidade, trazendo a visão do teatro de estádio, sonho de Oswald de Andrade.

Catherine Hirsch, diretora e iluminadora do espetáculo, era parceira criadora também com equipe de sertanejos, bacantes, cineastas, videoastas e, memorialistas, da reengenharia do Oficina, Uzyna Uzona. Zuria, a cozinheira do Oficina, na *Cantina Cabaret* serve nesta noite frango ao molho pardo.

Entra em cena um oficial de justiça.

Temos um mês pra comprar o Oficina, éramos os locatários com direito preferencial de compra. Silvio Santos quer comprar o local pra felicidade do Baú.

Os artistas de todas as áreas, principalmente de música popular, fazem um "Domingo de Festa" no Ginásio do Ibirapuera que levanta o dinheiro de entrada. Um apoio imenso da opinião pública faz Silvio Santos recuar. Como queríamos tornar o teatro público ao ar livre seu estacionamento antes de ele querer o Oficina,

line every minute, in a struggle between the two conceptions of theater which at that time seemed antagonistic. The golden chain of the Oficina group snapped.

I took a break.

I rented the Oficina to a teacher who worked with "Civic Theatre", an educational project of the Medici dictatorship, and they almost took the theater from us. The Oficina was then re-occupied by those who scandalously fought for it: the Samba Oficina Community, made up of actors and journalists working for the tiny *Bondinho* newspaper. The stage and the 250-seater auditorium were silenced. We were working in the back of the theater with a vision of bringing down the wall that separated the stage from the backstage, where we lived. Clementina de Jesus and her husband, Paulinho da Viola and Elton Medeiros, and all the members of Rosas de Ouro had lived there for the whole season of their show in São Paulo. We were proud of the fact this samba aristocracy had been there before us.

On April 21st, 1974 – the police came in shooting the back wall which miraculously returned the bullets to one of the shooters' arms.

We were forced out of Brazil taking with us what we could. We did not know when we would return.

My eldest brother, Luiz Antonio, and the ticket office girl of the theater Tereza Bastos were not given enough praise for holding the Oficina theater together during those times of exile. I don't know how to tell this story, nor has it ever been told. It lasted four years.

I came back from the Portuguese and Mozambican revolutions, with my head full of *Zumbi*[9] guiding me. I took control of Oficina. I did it out of spite, only because I had been forced out.

Young people from various parts of Brazil: black movement musicians, *terreiros de macumba*, *candomblé*, northeastern migrants living in São Paulo – members of *Forró do avanço* which included Edgar Ferreira, Sandy Celeste and Feliciano da Paixão. The Oficina's *Sertões* is staged in Zuria's kitchen, the "Cantina Cabaret". These were the *General rehearsals of the People's Carnival*, in preparation for the long struggle the theater would face.

We started by opening a window in the dead-end alley and, to our surprise, it looked out onto a natural Greek theater: the Baú da Felicidade parking lot.

On my birthday, an open party was held to celebrate my return to Brazil, a

conseguimos criar uma estratégia sábia que nos deu vitória na primeira batalha de uma guerra que hoje, vinte anos depois, já deveria estar em tempo de terminar.

A Caixa se negou a financiar as prestações da compra declarando no seu parecer que "Nenhum teatro no Brasil tem lastro financeiro para comprar seu espaço".

Flávio Império, então conselheiro do Condephaat, recomenda o tombo do próprio teatro que tinha construído ao nosso pedido. Desde o incêndio de 1967 ele tinha se deslumbrado com o teatro destruído pelo fogo, sem teto, em comunicação plena com o espaço cósmico.

"A casa caiu, caiu o teto!"

Recomenda a demolição do seu próprio Teatro Oficina, "para cada peça o teatro que for necessário", dando sequência à revolução espacial do teatro dos 1960.

Aziz Ab'Sáber, presidente do Condephaat, e o pianista João Carlos Martins tombam o Oficina.

O conceito do tombamento é revolucionado. Tomba-se não um prédio, sim um trabalho que precisa da obra arquitetônica renovada e efêmera para poder mudar o espaço físico, de acordo com as mudanças e rumos da sua programação.

Mãos à obra.

O tombamento acoplado à obra de renovação preservou o Oficina, mas colocou na sua história uma personagem às vezes muito pesada: a Secretaria da Cultura do Estado de São Paulo.

O primeiro governo eleito bobeia, não assume o avanço cultural do governo anterior. Esta história, aliás, é pendular e tem sido assim, infelizmente. Cada governo que entra faz terra arrasada dos compromissos assumidos pelos governos anteriores e o fluxo dos movimentos do Oficina passa a estar preso ao embaço dessas interrupções periódicas.

Mistérios gozosos comemoram o Tombamento com uma sessão de terreiro eletrônico, videotransmissão da "sala-branca" da orgia de Oswald, com "sexo explícito", como se diz.

Lina e eu tínhamos sentido juntos o impacto da passarela num terreiro em Florianópolis nas filmagens de *Prata palomares*, teatro "pé na estrada", como ela falava. O Corpo Santo do Oficina: os Coros do Mangue das Bacantes & Sertanejos encantam-se com o projeto. As personagens das putas e michês exigiram a Rua do Mangue. Abaixo, a arquibancada de contemplação. Que viesse o canal do Mangue, bring-a-bottle affair, bottles and barrels of wine. Toasts were made to the first strikes on the *Wall* that separated the stage from the backstage. Pompilio, a bricklayer who has just come out of prison that night, was the author of this opening. In Brazil, it continued very slowly.

August 24th, 1980

The debut of *Lily of Hell*, with Maria Alice Vergueiro.

The design slides made by Lina Bardi and Marcelo Suzuki of the new Oficina are publicly screened, they extend through the Baú da Felicidade parking lot, bringing to life the vision of the Stadium-Theater, Oswald de Andrade's dream.

Catherine Hirsch, director and lighting manager of the show, was also a creative partner with groups of *sertanejo*, *bacchantes*, film and video makers, and memoir writers, involved in the re-engineering of the Oficina, Uzyna Uzona. Zuria cooked for the Oficina in the Cantina Cabaret and that night served Brazilian style chicken, "ao molho pardo".

An officer of the law comes on the scene.

We had one month to buy the Oficina, we were tenants so we had preferential rights of purchase. Silvio Santos wanted to buy the site for the happiness of his Baú.

Artists from everywhere, especially those involved with popular music held a Sunday Party at the Ibirapuera Gymnasium to raise money for the deposit. The huge public support forced Silvio Santos to back off. As we wanted to make his parking lot into a public outdoor theater before he wanted to have the Oficina, we were able to develop an effective strategy that gave us victory in the first battle of a war which today, twenty years later, should have been on its way to being over.

Caixa Economica bank refused to finance the loan. To justify their negative response, they argued that "no Brazilian theater has enough financial security to buy its own premises".

Flávio Império, who then worked as an adviser for Condephaat, recommended that the theater he had built for us should be listed. Since the fire in 1967, he had been obsessed by the fire-destroyed theater, without a roof, in total communication with the cosmic space.

"The house fell, the roof fell!"

He recommended that his own Oficina Theater be demolished, "For each play, an

passarela de escola de samba. *O homem e o cavalo* de Oswald também queria o Teatro de Estádio. Quebrar paredes, entrar luz natural, sair da caixa preta. Espaço urbano. Cosmos. Teto aberto pro céu da encruzilhada do hemisfério Sul. Terra de canteiro, água de cachoeira e todas as tecnoligas.

Terreiro Eletrônico. Teatro na TV, ao vivo, com público presente.

E câmera de plano contínuo sem corte de Dib Luft e Orson Welles.

Sonho hoje tecnicamente possível, e em que eu tenho insistido, mas ainda sem escuta.

A Secretaria da Cultura não autoriza a demolição para as obras do teatro.

Lina continua assinando a obra, mas o arquiteto Marcelo Suzuki é levado a desistir.

Período sombrio, obra parada, o mato cresce:

"O Zé Celso ficou louco, derrubou um teatro e vive naquele Buracão, é de arrepiar."

A Embrafilme libera uma subvenção para construir-se uma cabine de cinema pra projeção de *O rei da vela*.

O arquiteto João Batista Martinez Corrêa, meu irmão, constrói em cimento. Hoje é camarim, sala provisória de administração-produção e banheiros do teatro.

Decidimos derrubar os dois andares dos fundos do Teatro, cavar francamente uma rua aberta, pra nós, contraponto do movimento difícil da abertura, "lento, gradual, restrito". Na nossa cabeça era como se se abrisse uma avenida de recusa às ruelas dos conchavos da oposição com a ditadura após a morte de Tancredo.

Os proprietários continuam negociando com Silvio Santos.

Os ocupantes do teatro, jovens bacantes, sertanejos, cirandeiros, forrozeiros, homens a cavalo nas tecnologias em ereção, cineastas, jornalistas, arquivistas, memorialistas vermelhos começam as obras com ferramentas nas próprias mãos.

O desejo maior: tirar os muros que separam teatro da luz do mundo e a sala de espetáculos dos bastidores. Atrás do palco havia um bloco de dois andares (um porão e uma construção no nível da rua) onde funcionavam os camarins, uma sala branca vazia, cantina, guarda-roupa, sala de cinema-vídeo e o Arquivo Oficina 20 Anos, de Ana Helena de Staal. Memória vermelha estudada, impulsionando o futuro.

Toda essa história está documentada e gravada desde 1980 em vídeo. Pouco material montado. Uma montagem de todo este material é essencial pra conscientização e impulso desta história incompleta que não está no fim.

appropriate theater", following in the wake of the 1960s theater spatial revolution.

Aziz Ab'Sáber, the president of Condephaat, and the pianist João Carlos Martins declared the Oficina a listed site.

The concept of listing was revolutionized. It is not the building that needs protection, but the work that goes on in that site, and that work requires a renewed and ephemeral architectural structure to be able to change the physical space according to the changes and directions of its program.

Let the work begin.

Listing kept Oficina alive, coupled to the renovation work. However, it also brought into its history a protagonist that is sometimes too burdensome: the São Paulo State for Culture Department.

The first official elected government did not rise to the task, it did not continue with the previous government's cultural advances. Indeed, history swings from side to side and, unfortunately, it has always been this way. Every government elected throws the previous administration's promises in the bin, the progress of the Oficina has always been held back by such periodic alterations in government policy.

Mistérios Gozosos celebrated Oficina's listing with a *terreiro eletrônico* session, a video transmission of the "white room" of Oswald's orgy, with "explicit sex scenes", as they say.

Lina and I together sensed the impact of the walkway in a *terreiro* in Florianópolis, during the filming of *Prata Palomares*, a "road" theater, as she used to call it. Oficina's Holy Body: the Mangue das Bacantes & Sertanejos choir were enchanted with the project. The characters of hookers and hustlers demanded a *Rua do Mangue*. Down with a contemplative audience! Here is the Mangue canal, the Samba School pathway. Oswald de Andrade's *The Man and the Horse* also required a theater-stadium. Break down the walls, let natural light come in, get out of the black box. The urban space. The cosmos. A roof open to the Southern Hemisphere's cross. A building site, water from a waterfall and the use of all possible technologies.

An electronic terreiro, theater on TV, with an audience present.

And a continuous uncut camera plan by Dib Luft and Orson Welles.

This dream is technically possible today, I have insisted on it but have not yet been heard.

Catherine Hirsch, poeta e codiretora do Oficina Uzyna Uzona, investe uma indenização de um Hospital Francês pela morte trágica de sua irmã gêmea, Anette, nele internada, na demolição, decidida numa assembleia nos porões do Oficina, gravada em vídeo, quer dizer pública.

A dádiva em bens, dinheiro, investimento de muitas pessoas em todas as etapas destes últimos vinte anos pra levantar e manter o Oficina é um capital a ser contabilizado. Minha família aplicou uma pequena herança em terrenos de Araraquara nos momentos de aperto. Eu tenho aplicado quase tudo o que tenho ganhado.

Oficina deve muito no cálculo do seu valor a uma economia de doações, sem contar com o capital trabalho, alma, paixão investida por inúmeras pessoas, o mais significativo quantitativamente num cômputo geral. Com enorme gratidão nem posso citar nomes porque foram muitos os que trabalharam quase que de graça, e muitos de graça mesmo, o que faz às vezes cair por isso o Oficina numa certa desgraça.

O teatro é esvaziado e os letreiros do filme *O rei da vela* são pintados por todo o espaço do Oficina-Sistina por Tadeu Jungle e Walter Silveira. Os dois criam os logotipos do Uzyna Uzona. A frente humana, o coro do canteiro de obras, marcha nas ruas até o Palácio do Governo pra exigir a desapropriação do Oficina.

O governador Franco Montoro e sua Secretaria de Governo desapropriaram.

O movimento Diretas Já sofre uma derrota. Eclipse.

Chega o arquiteto Edson Elito e passa a fazer dupla com Lina. Canoniza. Projeta os canos cariátides desmontáveis pra plateia: "ópera de Milano, com catacumba para Silvio Santos", conceitua Lina. A arquitetura ia acompanhando:

1) as estratégias que driblavam as dificuldades pra que a obra existisse;

2) as maquetes vivas, plantações com atores dos espetáculos que desejávamos fazer lá.

Lulu, Acordes, de Brecht – texto constitucional do Uzyna Uzona –, *Bacantes*, *Os sertões*, muitos "te-atos" encenados na lama da obra pra entender e fazê-la andar. Tudo documentado, gravado em vídeo.

Numa viagem de ácido num domingo à tarde, Catherine Hirsch, Edson Elito e eu desenhamos uma completação possível do projeto pra aquele momento.

Lina aprova. Deu-se muito bem com Edson.

Juruna tinha recusado publicamente um dinheiro que Maluf lhe enviara. Eu

The Department for Culture would not authorize the demolition for the works on the theater.

Lina continued on the project, but Marcelo Suzuki gave up.

A dark period, when the works stopped and the weeds grew:

"Zé Celso has gone crazy, he tore down a theater and lives in that large hole, it's creepy."

Embrafilme provided funds to build a projection booth to screen *O rei da vela*.

The architect João Batista Martinez Corrêa, my brother, built it in cement. Today, it is the theater's dressing room, provisional administration-production room and the toilets.

We decided to demolish the two floors at the back of the theater, to literally dig down an open street, our answer to the difficult, "slow, gradual, and restricted" movement of opening up. To our minds, it was as if, after Tancredo's[10] death, an avenue of refusals had opened up against the backstreets of the opposition's conspiracy against the dictatorship.

The owners still negotiated with Silvio Santos.

The theater occupants were young *bacchantes*, *sertanejos*[11], *cirandeiros*[12] and *forrozeiros*[13], men riding on the horses of the rising technologies, filmmakers, journalists, archivists, 'red' memoir writers, who began the building works with tools in their own hands.

Their greatest wish: to remove the walls that separated the theater from the light of the world and the performance hall from backstage. And backstage there was a two-story block (a basement and a building at street level) with dressing rooms, an empty white room, the canteen, wardrobe, cinema-video room and the *Oficina 20 anos* (Twenty years of Oficina) archive, compiled by Ana Helena de Staal. It was a well-researched piece of red memoir, driving the future.

This whole story has been documented and recorded since the 1980s on video. Very little of the material has been edited. A montage of all this material is essential for awareness-raising and for providing momentum to this incomplete history which is not yet over.

Catherine Hirsch, poet and co-director of the Oficina Uzyna Uzona, funded the demolition work with compensation money received from a French hospital following the tragic death of her twin sister, Anette, who was one of the hospital's

publicamente via TV aceitei o dinheiro recusado alegando que o dinheiro não era dele, Maluf, mas dinheiro público.

Foi uma polêmica espetacular. João Carlos Martins insistiu para Maluf topar, mas ele não se decidia. Com um elenco afiado por uma leitura muito bem-sucedida de *O homem e o cavalo* invadimos o escritório de Maluf e o fizemos ler o papel de Pentheu, das *Bacantes*. Leu bem, é um ator. No texto, a personagem negocia com Dionísios um pacotão de ouro pra ver as bacanais sem ser visto. A mídia pôs fogo, e Maluf acabou pagando parte das fundações do teatro.

O pintor Fábio Magalhães trouxe então o apoio do Minc, de Celso Furtado, que investe no levantamento da espinha dorsal do terreiro eletrônico. Muda-se da fase caos, destruição, para o erguimento da obra. O engenheiro Roberto Rochlitz reergue e faz um trabalho maníaco de cálculo pra segurar as paredes de tijolos, que não se fabricavam mais, pra possibilitar o atual desejo de hoje, por exemplo, de remoção e instalação do vazio no lugar.

Chega Marcelo Drummond pra fazer Dionísios nas *Bacantes*.

Ele, Marcelo Dionísios, está na direção deste teatro há 13 anos, é o mais arcaico combatente comigo do renascimento do Teatro Oficina. Paschoal da Conceição é o mais antigo. Está afastado temporariamente devido à própria dificuldade financeira do impasse Oficina. Mas nesta história sua dedicação e talento têm um capítulo à parte, assim como Noilton Nunes, Leona Cavalli, Denise Assunção e muitos outros lembrados, mas impossíveis de caber neste longo artigo.

Uma tarde, Marcelo Drummond vai à casa de Lina levar plantas pra assinar. Diante de três Marcelos – Ferraz, Suzuki e Drummond –, ela disse: "Este não é mais meu projeto, é muito bonito, mas não é mais meu, é do Edson. Assino porque o Zé me pediu, e porque Edson tem muito talento", e assinou, assumiu o filho, pois o projeto é dela mesmo. Contribuições de outros arquitetos que uma história sinuosa impôs somente realçaram a marca do gênio de Lina.

Celso Furtado estranhou que o proprietário do teatro, o Estado de São Paulo, não investisse no projeto e condicionou novos investimentos a simultâneos do Estado.

O Estado de São Paulo na gestão "apparatchik" de Bete Mendes na Secretaria da Cultura não assumiu.

O Arquivo Oficina 20 Anos, criado por Ana Helena de Staal, foi vendido para a Unicamp, portanto ao alcance de quem quiser aprofundar aquilo que estou tocando.

inpatients, a decision taken at a meeting in the basement of the Oficina, it was videotaped and open to the public.

Many people provided donations of assets, money and funds throughout these past 20 years for the purposes of raising and maintaining the Oficina. This is capital that has to be accounted for. When times were tight my family gave the proceeds of a small inheritance of lands we possessed in Araraquara. I have invested almost everything I earned into it.

The Oficina owes much, in terms of its value, to an economy of donations, not taking into account capital in terms work, soul and passion invested by so many people, which is the most quantitatively significant figure on the final balance sheet. I am immensely grateful, I cannot mention names because many worked almost for free, and many indeed completely for free, which sometimes put Oficina into an unfortunate position.

The theater was emptied and the signs for the film *O rei da vela* were painted all over the Oficina-Sistina space by Tadeu Jungle and Walter Silveira. They had created the Uzyna Uzona logos. A human front, the construction site chorus, marched to the Government Palace to demand the Expropriation of Oficina.

Governor Franco Montoro and his Government Department expropriated it.

The *Diretas Já*[14] movement was momentarily defeated. An eclipse.

The architect Edson Elito arrives and joins Lina. He adds to the canon. He designs the demountable caryatid tubes of the stands: "A Milan opera, with a catacomb for Silvio Santos", Lina conceptualized and the architecture would follow:

1) Strategies to overcome difficulties so the work could go on;
2) Living models and blueprints using the actors from the plays we wanted to stage.

Lulu, Acordes[15], by Brecht – a constitutional text from Uzyna Uzona, – "Bacchantes", "Os sertões" and many *te-atos* were staged in the mud of the building site in order to understand how it should work and move forward. It is all documented, recorded on video.

During an acid trip on a Sunday afternoon, Catherine Hirsch, Edson Elito and I designed a completion plan for the project which could work at that time.

Lina approved. She got on very well with Edson.

The indigenous leader Juruna had publicly refused money that Maluf had sent

Com o dinheiro da venda, constroem-se os mezaninos do fundo e o telhado e ensaiam-se três meses de *Bacantes*, mas não conseguimos estrear porque as obras do teatro param. Luiz Antonio Martinez Corrêa é assassinado no Rio. Eu quis desistir de tudo.

Num ato público ecumênico no Oficina por Luiz, decidi retomar tudo. A cerimônia revelava as possibilidades do espaço da mistura de religações, linguagens, credos, tecnologias e ritos.

Em *Banquete antropofágico* festejamos o centenário de Oswald, em 1990, com a encenação do seu nascimento no canteiro de obras. O Oficina é um resultado concreto de toda a sua dramaturgia.

Cacilda!!!! escrevi pra abrir o teatro e portanto concluir as obras paradas mais uma vez. Christiane Torloni, de Cacilda, vai ao Quércia no último dia de seu governo. As portas todas se abrem. O governador que sai marca uma entrevista para Cacilda Christiane com o que entra: Luiz Antonio Fleury, no primeiro dia do seu mandato. Ele promete terminar o Oficina.

Vai cumprir a promessa, mas as obras ainda não acontecem.

No centésimo primeiro aniversário de Oswald, ao meio-dia, Paulo Archimendes da Rocha, brincando com papéis em branco, numa mesa do Oficina, mostra em *origamis* criados na hora a maquete da Ágora. A desembocadura desta boca sem cu vislumbra uma anatomia nova pra arte no Bexiga, vinda da fome de uma Praça onde é possível a satisfação pública na Arte. A arte inspira o social possível no meio da vida privada excluidora global. O Oficina foi visto pelos presentes urbanizado numa Ágora. Erundina, na Prefeitura, e Marilena Chaui, secretária da Cultura do Município, assumem o projeto. O PT, nas vésperas da eleição, transforma a área destinada ao projeto em um sacolão. O Processo Patri-10-006.273-92-02 está lá, estagnado até hoje, na Secretaria da Cultura da Prefeitura.

Lina Bardi morreu sem ver o terreiro eletrônico pronto.

Collor pediu aos brasileiros o verde-amarelo. Os brasileiros replicaram com preto. A corrupção da Dinamarca brasileira vem à tona. *Impeachment*. Carandiru.

O arquiteto Ricardo Ohtake assumiu a Secretaria de Cultura do Estado. Cibele Forjaz, atriz, diretora e iluminadora, penetrou com o poder de sua miniatura insistente nas pastas da burocracia do projeto parado na secretaria, nos revela que

him. On television I publicly accepted the money rejected on the grounds that it was not Maluf's money but the public's.

It was spectacularly controversial. João Carlos Martins insisted, he wanted Maluf to accept, but he would not make up his mind. The cast, roused by a very successful reading of *O homem e o cavalo*, invaded Maluf's office and made him read the role of Pentheus, in *Bacchantes*. He read it well, he is an actor. In the text, the protagonist negotiates a large bag of gold with Dionysius so as to be able to watch the bacchanals without being seen. The media set this story on fire, and Maluf ended up paying for part of the theater's foundations.

The artist Fábio Magalhães then brought news of the support of the Federal Ministry for Culture, under Celso Furtado's leadership. They invested on the survey for the electronic terreiro's backbone. We moved out of the chaos stage, destruction, to begin the construction works. The engineer Roberto Rochlitz performed a feat of calculations to hold up the walls so our present wish would come true. The wall was made with bricks which were no longer being manufactured.

Marcelo Drummond came to be Dionysius in the *Bacchantes*.

Marcelo-Dionysius has been directing this theater for the last 13 years. He and I are the most battle-hardened combatants fighting for the Oficina theater's rebirth. Paschoal da Conceição has been here the longest. He is temporarily away due to the financial difficulties resulting from the Oficina impasse. However, in this story, his dedication and talent means he is worthy of his own chapter, as is the case with Noilton Nunes, Leona Cavalli, Denise Assunção and many others who will be remembered, though it is impossible to mention them all in this lengthy article.

One afternoon, Marcelo Drummond went to Lina's house to get some projects signed off. In front of three Marcelos – Ferraz, Suzuki and Drummond – she said: "This is no longer my project, it is very beautiful, but it does not belong to me anymore, it is Edson's. I will sign it off because Zé asked me to, and because Edson is very talented", and she signed, thus recognizing her creation, because the project was indeed hers. The contributions from other architects throughout this winding history only serve to emphasize the fact that Lina is a genius.

Celso Furtado was surprised that the owner of the theater, the State of São Paulo, did not invest in the project and he conditioned new investments based on the State's actions.

a dívida do Estado com as empreiteiras sorvia os subsídios pra juros e assim a obra nunca iria acontecer. Revimos os custos do projeto, partimos pra soluções práticas, diferentes, longe dos superfaturamentos da rolagem da dívida.

Ham-let abriu com sua espada de Ogum o terreiro, para os cânones dos baixos do Ocidente nos trópicos Cazuzas do hemisfério Sul.

As bacantes rebeberam seu rito de devoração milenar do deus Touro e de Pentheu – aquele que proíbe o teatro e a antropofagia.

Os tupys encontram seus contemporâneos do tempo do Minotauro.

Nós da tribo do teatro, refizemos o rito do mito de nossa origem.

Os mistérios gozosos tiram a pista de madeira e acontecem na terra batida sonhada.

Pra dar um fim no juízo de Deus, de Artaud, começou a operação de refazer a anatomia humana limitada. Fertiliza o espaço obrando fezes, esperma e sangue. Sentado nos bancos no meio da pista, o público pode contemplar o teatro todo como obra de arte.

Gringo Cardia "profanou", fantasiou o terreiro de Vaticano para que *Ela*, de Jean Genet, Sua Santidade, o Bispo Sardinha, fosse comido *fashion*.

Taniko, nô japonês, adaptado por Luiz Antonio Martinez Corrêa, encenado por nós nos dez anos de sua morte, firmou o Oficina como lugar religioso, templo, terreiro.

Cacilda!, a devoradora da dramaturgia do século xx do hemisfério Norte, retomou seu delicado, artístico e perfumado apetite, explicitou a subterraneidade desta obra revirada em "cemitério" pra alma ser queimada em pontes elétricas vindas dos Comas de Cacilda pra "Ágora".

Num quarteirão do Bexiga encena-se o espetáculo *Soberano da vitrine* do Grupo Silvio Santos. No meio dele, num pedacinho de terra, a boca Oficina pulsa ao norte contracenando com o terreno estacionado do Baú que quer fazer virar Estádio de Teatro, Paixão pra Multidões, ao sul com o Minhocão que quer civilizar como uma Cobra Norato de arte pública. Esta peça está em cartaz desde 1980. É o teatro de repertório selvagem vida-arte brasileiro. E o que se passa nela deve estar se passando em muitos lugares do Globo. Oficina vem assim contracenando com a globalização. Não é preciso mais haver genocídio como na primeira globalização, a do descobrimento da América e do Brasil. Hoje a estratégia dominante é a indiferença, o não investimento. As leis policialmente "corretas" do capitalismo

The São Paulo State, during Bete Mendes' "apparatchik" administration of the Department of Culture, did not take on this responsibility.

The "Oficina 20 anos" archive, compiled by Ana Helena de Staal, was sold to Campinas University, Unicamp, and is therefore available to anyone who wants to deepen their understanding of what I am writing about here.

The money from this sale enabled the mezzanines at the back and the roof structure to be built and we rehearsed *Bacchantes* for three months, but could not open because the Theater works had stopped. Luiz Antonio Martinez Corrêa was murdered in Rio. I wanted to give up everything.

During an ecumenical public event at the Oficina for Luiz, I decided to start again. The ceremony revealed the possibilities of the space, the mixing of reconnections, languages, creeds, technologies and rites.

Anthropophagic Banquet – we celebrated Oswald de Andrade's centenary in 1990 by staging his birth at the construction site. The Oficina is the concrete result of all his dramaturgy.

I wrote *Cacilda!!!!* to inaugurate the theater and therefore conclude the works which had once again stopped. Christiane Torloni as Cacilda went to see Quércia on the last day of his administration as State Governor. All the doors were opened. The outgoing governor set up a meeting for Cacilda-Christiane with the incoming governor, Luiz Antonio Fleury, on the first day of his term in office. He promised to complete the Oficina works.

He meant to fulfill his promise, but the works still didn't take place.

On Oswald's 101th birthday, at midday, Paulo Archimendes da Rocha was playing with blank pieces of paper on a table at Oficina and created a model of the *Agora* in origami. The outcome of this mouth without an asshole is a new anatomy for art in Bexiga. It is the result of hunger. Hunger for a Square where the public can be sated by Art. Art inspires social possibilities amidst the global exclusion of private life. *Oficina* was envisioned by those present at the time as urbanized as an Agora. Erundina, at City Hall, and Marilena Chaui, Culture Secretary for the city took over the project. However, the PT (Workers' Party), on the eve of the election, transformed the area destined for the project into a fruit and vegetable market. The *Patri*-10-006.273-92-02 process is still sitting there, stagnating in the City Hall's Department for Culture.

que traz, dizem, o avanço à prosperidade, paz e civilização mundial veem Oficina assim: atrasado, arcaico, personalizado, idólatra, autoritário, pouco produtivo, pouco claro, obscuro, obsceno, faz coisas bonitas, mas longas, num teatro inconfortável, exige tempo demais do público, de seus atores, em geral jovens descabaçando-se ou carreiristas empatados buscando um trampolim, uma África na bagunça e pobreza, uma Cubinha no isolamento, viveiro de fantasmas, bodes, enfim, um beco sem saída.

Artistas apaixonam-se, entregam-se, depois desistem de lá desestimulados por esta visão que paira sobre este ponto e com a falta de segurança da vida econômica. "Paraíso de criação, inferno de produção", disse Bete Coelho, por exemplo. Oficina ganhou junto de outros teatros brasileiros uma medalha de ouro na Bienal de Arquitetura de Praga por sua arquitetura cênica única. O público consumidor de eventos, a alta classe média, não quer nem saber, quer palácios de segurança, estacionamentos confortáveis, manobristas etc. Cadeiras estofadas, peças curtas, de costume, com atores de TV. Um modo de produção e consumo, definitivo como uma pizza. O que vai fazer num teatro sem palco, com bancos duros de convento?

O Oficina tem respondido a todos os desafios através de teatro. Sempre, te-atos, aprontações, belos espetáculos, como grandes filmes não fartamente distribuídos. Filmes esperam nas latas. Peças acabam depois de curtas temporadas por falta de apoio financeiro que financie a vinda de um público de todas as classes, e uma difusão profissional. Muito ruído. Nada.

A vida, o teatro, nós. Não são "eventos". Um teatro pra valer não vive de "eventos". O "eventismo" cultural ruidoso, eleitoreiro, imediatista do capitalismo cultural corrompe.

A resposta consistente viria de uma companhia de trabalho permanente, com meios de pagamento para o trabalho de pesquisa e investimento na formação de um público popular. Um teatro libertado do sequestro do modo de produção burguês que o rejeita, e de quem é refém. A própria história das lutas, das dificuldades, provoca náuseas no público que paga o aparelho teatral dominante hoje em São Paulo. Os que na minha geração lutaram, como o Oficina, por uma revolução brasileira hoje renegaram esse sonho e com ele o sonho do Oficina, e pior, estão no poder acordes com o capitalismo absolutamente desinteressado por este trabalho. Recalque de seus sonhos.

Lina Bardi died without seeing the electronic terreiro finished.

Collor[16] asked the Brazilian people for yellow and green and Brazil replied in black. Brazilian Denmark's corruption came out in the open. Impeachment. *Carandiru*.

The architect Ricardo Ohtake takes over the state's Department for Culture. Cibele Forjaz, actress, director and lighting technician, with her capacity to insist, managed to penetrate into the bureaucratic folders of the stalled project. She discovered that the State is so indebted to construction companies that all the money was soaked up in interest rates: the work was never going to happen. We reviewed the cost of the project and we opted for a practical solution, one not involving the overcharging of debt refinancing.

Ham-let opened the terreiro with his Ogun sword, to the lower canons of the West in the tropical Cazuza-land[17] of the Southern Hemisphere.

The bacchants received their millennial rite of devouring from the Bull god and Pentheus – who bans theater and anthropophagy.

The *Tupys* meet their contemporaries from the Minotaur era.

We, from the theater tribe, recreated the mythical rite of our origin.

For *Mistérios gozosos* the wooden boards were taken away and the play was performed on the bare earth of our dreams.

To Have Done with the Judgment of God, by Artaud, began an operation to remake a limited human anatomy. The space is fertilized by feces, semen and blood; the audience, sitting on benches in the middle of the passageway-stage can admire the whole theater as a work of art.

Gringo Cardia "profaned", he imagined the *terreiro* as the Vatican so that *She*, by Jean Genet and his Holiness, the Bishop Sardinha, could be fashionably devoured.

The Japanese play *Taniko*, adapted by Luiz Antonio Martinez Corrêa, which we staged 10 years after his death, established the *Oficina* as a religious place, a temple, a *terreiro*.

Cacilda!, the 20th century devourer of the Northern Hemisphere's dramaturgy, resumed its delicate, fragrant and artistic appetite and explained the subterranean nature of this work turned into a "cemetery" so that the soul is burned on electric bridges coming from Cacilda's comas to the "*Agora*".

On a corner of Bexiga, the lord of the shopwindow is staged by the Silvio Santos group. In the middle of it, on a small piece of land, the Oficina mouth pulsates. To the

O capitalismo pelas mãos dos seus agentes culturais de *marketing* que receberam do Estado o poder de investimento cultural, de dinheiro público, não tem notório saber da produção cultural, somente de mídia pras próprias empresas. No cinema, há uma luta coletiva que propiciou a existência de muitos filmes e pode-se falar, é um fato, em cinema brasileiro. Já no teatro estamos possuídos pelo modo de produção "eventual". O teatro saiu de moda no modo de produção que sustenta a maioria dos atores e atrizes, a TV, o teatro de folhetim do século XIX, a telenovela.

As respostas belicosas, violentas, ressentidas ou pacíficas, cordiais, estratégicas, políticas antropofágicas – vamos criar com o público, com a sociedade, claro, e por isso escrevo este longo texto.

Esta história de 40 anos deu neste lugar futurista que pode virar um museu desconhecido, pouco visitado, ou desaparecer no Baú.

Olho eu mesmo pra este espaço, sei que ele não tem cidadania.

Sou, somos os que sempre estão ou passam por lá, até hoje posseiros. Só o tombamento protege o trabalho fragilizado economicamente do Oficina Uzyna Uzona. Queremos comodato e investimentos do dinheiro público que está desviado para o *marketing* exclusivamente.

Como dar a virada do terreiro eletrônico? Trazer o tantra do yoga rebolado. A cia. dançante, plugada, tomando e explodindo em ágoras este sertão em bacanais de cura pros atuadores e pro-público?

Quando estou em cena consigo; quando paro morro de saudades futuras daqueles momentos em que o mistério deste teatro se revela, na hora da cena. Aí quero voltar a estar de novo em cena... mas como? Tendo que superar, mais uma vez, e cada vez mais, uma descrença enorme em nós mesmos, nos outros, dos outros em nós. São amarguras de colonizado, de atrasados.

Mas atrasados de que horários?

Quem chegou na hora?

Lá? Quem está lá?

Como *Cacilda!!!* pode ser a próxima peça lá encenada, enquanto *Cacilda!!!* viaja? O que vai dar a nova vida ao Oficina agora? É a isso tudo que tenho que responder ou deixar cair.

Pra levantar é preciso muita arte. Deixar cair é muito fácil. Pra muitos seria um alívio, o fim deste tormento.

north it plays against the Baú parking lot it wants to turn into a Stadium-Theater, Passion for the Crowds, and to the south, the Minhocão that Oficina wants to civilize like a *Cobra Norato*[18] of public art. This show has been running since 1980. It is the Brazilian wild repertoire of life-art theater. What is happening here must also be going on in many parts of the globe. In this way Oficina has been acting against globalization. There is no longer a need for genocide, as in the first globalization, that of the discovery of the Americas and Brazil. Today, the predominant strategy is indifference, lack of investment. The politically "correct" laws of capitalism, which they say bring global advances in prosperity, peace and civilization see the Oficina thus: backwards, archaic, personalized, idolatrous, authoritarian, unproductive, unclear, obscure, obscene, productions are beautiful but too long, in an uncomfortable theater, requires too much of the public, too much of its actors (who are in general young people losing their heads, or stagnated career-seekers looking for a springboard), an Africa enveloped in poverty and confusion, a little Cuba in isolation, a hotbed of ghosts and goats. It is, after all, a dead end.

Artists fall in love, give themselves over, then give up, disillusioned by the vision surrounding this place, or because of the lack of economic security that this life provides. "It is a Creative Paradise and Productive Hell" said Bete Coelho, for example. At the Prague Architectural Biennale Oficina was awarded, along with other theaters in Brazil, a gold medal for its unique scenic architecture. The event-consuming public, the upper-middle classes, are not interested. They want palaces of security, valet parking and parking lots. They want upholstered chairs, short plays, staged by TV actors, a mode of production and consumption as definite as a pizza. What to do in a theater without a stage, with hard monastery seats?

Oficina has responded to every challenge through theater. Always, *te-atos*, ready pieces, beautiful shows, as if they were great movies that had not been widely distributed. Movies can wait inside their cans, plays end after a short season due to lack of financial support to fund a different public, of all classes, and pay for professional marketing. There's a lot of noise. Nothing.

Life, the theater and ourselves, we are not "events". A real theater does not live on "events". The culturally vociferous, electioneering, immediatism of "eventism", a feature of cultural capitalism, corrupts.

A long-term, consistent answer lies in companies which are permanent, with

Para mim impossível? Seria minha grandeza? Meu renascimento? Minha morte?

Não sei por que vou tentar mais uma vez caminhar na relativa obscuridade em que teclo agora sem querer ou conseguir fazer um texto bem curto e articulado em língua de nova esquerda *Abelardo II* compatível com o capitalismo. Talvez eu não saiba "vender" o teatro como um produto social.

A antropofagia criou o seu mistério materializando-se neste lugar, de fazer amor num movimento pulsante no todo dia é dia, de fome de Paixões mais que humanas. Não há salvação em nada, nem na arte que é perdição, desperdício total. Mas arte dá apetite de viver, comer, morrer, plantar, renascer, viver de novo, comer de novo, é eternamente natal, presente. É mais embaixo que o baixo astral do canibalismo-tira-lasca-do-messianismo-fundamentalista financeiro. A arte da antropofagia de Oswald nos come, distingue e une. Oficina quer sua descriminalização, liberdade de culto, reconhecimento, gratidão, adoração ao lugar e precisa de dinheiro pra sua potencialização.

Forças mais que humanas martelam a ordem única na bigorna e procuram forjar o fogo pra esquentar o panelão da Paixão de viver no Brasil.

Que a paz estabeleça-se entre o Oasys de Fertilidade e Futilidade Pública, o Oficina, o Minhocão, a Ágora, o Estádio Grego do Estacionamento, os Quarteirões do Ah-Anhangabaú da Felicidade e o estado de São Paulo, e assim o Teatro seja plugado nas tecnologias da instantaneidade para que a vida que é reproduzida lá seja comida a tempo por todos. A civilização incompleta brasileira precisa da complementação do trabalho do Oficina.

Meu encontro é com os que caminharem nessa.

Tarde demais pra desistir.

É um fado que por amor aos fatos assumo. A alegria é mesmo a prova dos noventa e nove. Tento atravessar o milênio compondo um fado alegre.

Oficina passado a zero.

Marco Zero.

MERDA

the means to pay for research and investment in the education of public audiences. A theater freed from the clutches of the bourgeois mode of production that rejects it, and by whom it is made hostage. The very history of struggles and difficulties nauseates the public that pays for the theatrical machinery, currently predominant in São Paulo. Those people from my generation who had fought alongside Oficina for a Brazilian revolution, today renounce this dream and, with it, the Oficina dream. But it is worse than this, they are in power now and subscribe to capitalist ideals that are utterly repulsed by this work. The repression of their dreams.

Capitalism is in the hands of its cultural marketing agents to whom the State granted the power to invest in culture with public money. They have no knowledge of cultural production, but they know the media, their own companies. In cinema, there is a collective struggle that led to the production of many films and we can indeed talk about a Brazilian cinema. In the theater we have been taken over by an "eventual" mode of production. The theater is no longer the fashionable means of production that sustains most actors and actresses. This is the role of TV, our contemporary 19th century drama series, namely, the soap opera.

The answers, be these bellicose, violent and resentful or peaceful, cordial, strategic and anthropophagic political, will be arrived at in conjunction with the public, with society, of course. This is why I write this lengthy text

This story of 40 years, delivered us to this futuristic place, might become an unknown, little visited museum, or it might vanished into the *Baú*.

When I look at this space, I know it has no citizenship.

I am, we are, the same as all the others who have gone through this place, squatters. Only the heritage listing protects the economically fragile work of the Oficina Uzyna Uzona. We want public funds and investment which has been diverted exclusively towards marketing.

How can the electronic terreiro move on? How to put on *Tantra do yoga rebolado*, the dancing company, switching on, taking over and exploding in *agoras*, exhibiting the soothing *sertão* Bacchanals for those who act and for the public?

When I am on stage I am fine, when I stop, I miss those future moments in which the mystery of this theater is revealed, at that moment of the scene. Then I want to return on stage, but how, if we have, once again and every time, to overcome our own enormous disbelief in ourselves and in others and the disbelief of others

in us. These are the bitter feelings of the colonized, of the backward.

But we are backward in relation to which period?

Who arrived on time?

There? Who is there?

How can *Cacilda!!!* be the next play to be staged there, if *Cacilda!!!* is travelling? What will give new life to Oficina now? I have to find an answer for all this or let it go.

To build something takes a lot of art. To allow it to fall is very simple. For many it would be a relief, an end to this torment.

Is it impossible for me? Would it be my moment of greatness? My rebirth? My death?

I do not know why, but I am going to try once again to walk in the relative obscurity with which I now type, without wanting, or be able to write a very short and articulate text in the new left language of *Abelard II*[19], compatible with capitalism. Maybe I do not know how to "sell" the theater as a social product.

Anthropophagy created its own mystery, materializing itself in this place, making love in a pulsating motion in the day-to-day, its hunger is more passion than human. There is no salvation in anything, neither in art which is damnation, a total waste. But art gives you an appetite for life, eating, dying, planting, being reborn, living again and eating again, it is an eternal Christmas, present. It is lower than the lowest depths of the financial cannibalism-strip-splinter-fundamentalist-messianism. The art of Oswald's anthropophagy consumes, distinguishes and unites us. Oficina wants to be decriminalized, it wants freedom for worshiping, recognition, gratitude, adoration for the place and it needs money to realize its potential.

Forces which are more than human hammer the unique order of the anvil and look to forge the fire to heat the pot full of Passion for living in Brazil.

May peace come to the Oasys of Fertility and Public Futility, *Oficina*, *Minhocão*, Agora, the Greek Stadium of the Parking Lot and the corner of the *A-anhangabaú da Felicidade* and the state of São Paulo, so that the Theater can be plugged into the technologies of instantaneity so that life relived and that place can be food for all and on time. Our incomplete Brazilian civilization needs to be complemented by the work at Oficina.

My meeting is with those who walk on.

It is too late to give up.

It is the fate that I accept for the love of facts. Joy, ninety-nine-proof. I will try to go through the millennium by composing a joyful *fado*.

Oficina turns a new leaf.

Ground Zero.

BREAK A LEG

[1] A raised express highway in the city of São Paulo, linking the region of Brás, in the center, to Padre Pericles Square, in Perdizes, in the west.

[2] Men who, in the 16th and 17th centuries, were active in the inland areas of the country, capturing fugitive slaves, imprisoning Indigenous and searching for precious stones and metals.

[3] The practice of Spiritist mediumship, guided by one or more spiritual guides (spirits or entities who look after the works of the house).

[4] An allusion to the city of São Paulo. Here the author makes reference to Mário de Andrade's book *Pauliceia Desvairada*, considered a work at the avant-garde of Brazilian literature at the time.

[5] Literally translated as "Chest of Happiness" – was a Brazilian company, operating between 1958 and 2013, belonging to the Brazilian businessman and media tycoon Silvio Santos. It operated by means of a payment card, a "goods carnê", which had to be paid monthly. This gave the holder the right to participate in a prize draw. After a certain amount of time, holders could exchange the amount paid for goods of their own choice at the Baú store, or if they were the winner of the draw, they could take part in the SBT's (Silvio Santos's TV network) TV talk show.

[6] Is the term used in the Afro-Brazilian religion Candomblé to designate a medium who is acting as an instrument of an Orixá when this god becomes incorporated into the medium.

[7] Or Ato Institucional 5 – an institutional act or decree established in 1968, during Brazil's military regime. It ushered in the so-called 'hard' period of the military dictatorship. AI-5 gave the executive extended powers over the legislative: the right to close the National Congress, State Legislative Assemblies and Municipal Chambers; the right to revoke parliamentary mandates and people's political rights; and to implement legislation on any matter.

[8] A sparsely populated region, distant from the main urban centers. It also denominates the driest region in the northeast of the country, linked to the cattle cycle, where traditions and old customs are still practiced.

[9] Zumbi dos Palmares was an icon of black resistance against slavery during Brazil's Colonial period. Zumbi was the leader of the Palmares "quilombo" (traditionally, a hidden community of runaway slaves). According to some historians, it reached a population of twenty thousand and resisted the attacks of Bandeirantes (see above) for over one hundred years.

[10] Tancredo Neves was Brazil's first elected president, elected indirectly by an electoral college, after 21 years of military dictatorship. He died of in 1985 of diverticulitis, three months after his election.

[11] People who live in the sertão. People who live in small villages or in the countryside, in the 'inland' areas of the country. This term particularly designates people who have a lower level of education, little contact with society in general and rural or primitive customs. It can also refer to particular forms of Brazilian music and also describes those who play it.

[12] Those who play and/or dance ciranda – a traditional type of Brazilian music/dance.

[13] Those who play and/or dance, or go to forró, a traditional type of Brazilian music/dance.

[14] "Direct elections right now" – was a democratic political movement which received major support and participation from the public. A manifestation that took place in 1984 and demanded the re-establishment of direct presidential elections in Brazil.

[15] A translation of Bertolt Brecht's *Das Badener Lehrstück Vom Einverständnis*, (The Baden-Baden Lesson on Consent), put to music by Paul Hindemith.

[16] Fernando Collor de Melo – was the first Brazilian president directly elected by the people, after the military dictatorship and the 'Diretas Já' movement. He was deposed after a process of impeachment, two years into his mandate, under serious allegations of corruption.

[17] Cazuza was a Brazilian singer-songwriter, poet and author. He started his artistic career with a rock band called Barão Vermelho. He subsequently pursued a very successful solo career. He died in 1990 of AIDS, aged 32.

[18] A Brazilian indigenous legend.

[19] Character from the play *Rei da vela*.

Projeto gráfico, edição e tratamento de imagem
Victor Nosek

Revisão
André Albert

Versão para o inglês
Peter Muds

Revisão do inglês
Julia Spatuzzi Felmanas, André Albert

Desenhos de miolo, capa, plantas e cartazes
Acervo Instituto Lina Bo e P. M. Bardi
pp. 3 a 8, 10 a 15, 18, 19, verso da capa

Edson Elito
p. 17

Fotografias
Acervo Instituto Lina Bo e P. M. Bardi
pp. 9, 13, 16, 20, 21 (sem autoria); 28 (Greg Salibian/FOLHAPRESS); 27, 30 (Lenise Pinheiro)

Edson Elito
p. 22 (dir.)

Markus Lanz
Verso da quarta capa

Nelson Kon
pp. 22 (esq.) a 26

Foram realizados todos os esforços para obter a permissão dos detentores dos direitos autorais e/ou fotógrafos, e houve o cuidado de catalogar e conceder seus devidos créditos. Será uma satisfação corrigir quaisquer créditos nas tiragens futuras, caso recebamos mais informações.

Esta publicação faz parte das comemorações do centenário de nascimento de Lina Bo Bardi (1914-2014).

Dados Internacionais de Catalogação na Publicação (CIP)

B236s
Bardi, Lina Bo

Teatro Oficina / Textos de Lina Bo Bardi, Edson Elito e José Celso Martinez Corrêa; Organização de Marcelo Carvalho Ferraz. – São Paulo: Edições Sesc São Paulo, 2015.
48 p. il.: fotografias e desenhos. Bilingue, português/inglês. – (Coleção Lina Bo Bardi).

ISBN 978-85-7995-187-9

1. Arquitetura. 2. Brasil. 3. Teatro Oficina. 4. Bardi, Lina Bo. I. Título. II. Ferraz, Marcelo Carvalho. III. Vainer, André. IV. Coleção

CDD 721

Ficha elaborada por Maria Delcina Feitosa CRB/8-6187

© Edições Sesc São Paulo, 2015.
© Marcelo Carvalho Ferraz, 2015.
Todos os direitos reservados.

1ª Edição, 1999, Editorial Blau.
2ª edição revista, ampliada e com novo projeto gráfico, 2015.

3ª reimpressão, 2025.
2ª reimpressão, 2022.
1ª reimpressão, 2019.

Fonte Helvetica Neue
Papel Couché fosco 150 g/m²
Impressão Margraf
Data Maio de 2025

MISTO
Papel | Apoiando o manejo florestal responsável
FSC® C015123

Edições Sesc São Paulo
Rua Serra da Bocaina, 570 – 11º andar
03174-000 – São Paulo SP Brasil
Tel.: 55 11 2607-9400
edicoes@sescsp.org.br
sescsp.org.br/edicoes
/edicoessescsp